权威读本

全国人大常委会法制工作委员会行政法室 编著

中华人民共和国
人口与计划生育法
解读

主编
童卫东
（全国人大常委会法制工作委员会行政法室副主任）

副主编
黄海华
（全国人大常委会法制工作委员会行政法室一处处长）

中国法制出版社
CHINA LEGAL PUBLISHING HOUSE

目　录

第一章 总　　则

第一条　为了实现人口与经济、社会、资源、环境的协调发展，推行计划生育，维护公民的合法权益，促进家庭幸福、民族繁荣与社会进步，根据宪法，制定本法。

条文主旨

本条是关于人口与计划生育法立法目的和立法依据的规定。

条文解读

在法律的开篇规定立法目的是立法通例，有助于人们从总体上把握法意，从而加深对法律的认识和理解。本条从实现人口与经济、社会、资源、环境的协调发展，维护公民的合法权益，促进家庭幸福、民族繁荣与社会进步，落实宪法规定，为推行计划生育提供法制保障等方面阐明了立法目的。人口问题始终是关系到我国全面协调可持续发展的重大问题，是影响经济社会发展的重要因素。我国坚持计划生育基本国策，积极探索符合我国目前的人口发展道路。经过多年不懈努力，我国计划生育工作取得了巨大成就，人口过快增长得到有效控制，有效缓解了人口对资源环境的压力，有力促进了经济持续较快发展和社会进步，改善了妇女儿童发展状况，提升了人口素质和家庭幸福感，促进了各民族繁荣，为全面建成小康社会奠定了坚实基础。实践证明，从我国基本国情出发，坚定不移地推行计划生育，既符合国家长远发展要求，又符合群众根本利益。

我国实行计划生育，有特定的时代背景和发展历程。我国的计划生育历程可以用三句话来概括，一句话叫“起于忧患”，第二句话叫“行于艰难”，第三句话叫“成于均衡”。新中国成立以后，经济恢复，社会安定，医疗卫生事业发展，人口快速增长，从新中国成立初期的5.4亿，到20世纪70年代初的8.3亿，20年间增长了近3个亿。当时我国新增的固定资产年均是200亿，只能解决200万个就业岗位，上千万的人就业难。从20世纪70年代初到20世纪80年代初，又增长了1.6亿，从新中国成立初期到20世纪80年代初这30年间，出生人口6.7亿，净增长4.6亿。过快的人口增长给国家经济社会发展带来了沉重的压力，广大群众在吃饭、穿衣、住房等方方面面都面临很多的困难。因此，20世纪70年代初，国家全面推行了计划生育，1980 年党中央又发表了《中共中央关于控制我国人口增长问题致全体共产党员、共青团员的公开信》，提倡一对夫妇生育一个子女，1982 年将计划生育确定为我国基本国策，并写入了宪法。40 多年来，在全党、全社会的共同努力下，计划生育取得了举世瞩目的伟大成就。一是有效控制了人口过快增长的势头，实现了人口再生产类型的历史性转变。二是有效缓解了人口对资源环境的压力，改善了人民群众的生存和发展的状况。如果不实行计划生育，人均耕地、粮食、森林、淡水资源等会比目前低很多，人民生活质量不可能达到今天的水平。目前，15 岁以上的国民人均受教育水平达到 9 年以上，高于发展中国家的水平。2014 年，孕产妇死亡率降至 21.7/10 万，婴儿死亡率降至 8.9‰，提前实现了联合国千年发展目标。三是创造了较长的人口红利期，为改革开放、经济快速发展作出了巨大贡献。研究表明，改革开放以来，我国人口红利对人均收入增长的贡献率超过了 20%。四是我国实行计划生育也为世界人口发展和减贫事业做出了重大贡献，树立了负责任人口大国的良好形象。所以说，实践证明，我国从基本国情出发，坚定不移地推行计划生育，有力促进了经济增长、社会进步和民生改善，有力支撑了改革开放和社会主义的现代化事业，为全面建成小康社会、实现中华民族伟大复兴奠定了坚实的基础。

第二条 我国是人口众多的国家，实行计划生育是国家的基本国策。

国家采取综合措施，控制人口数量，提高人口素质。

国家依靠宣传教育、科学技术进步、综合服务、建立健全奖励和社会保障制度，开展人口与计划生育工作。

条文主旨

本条是关于实行计划生育是我国的基本国策以及具体措施的规定。

条文解读

人口众多是我们国家的一个基本国情。据有关部门介绍，截至2015年年末，我们的人口总量是13.7亿，到2020年将是14.3亿，到2030年将是14.5亿。即便到了峰值以后缓慢下降，到2050年还有13.8亿。所以，人口众多的基本国情长期不会根本改变，人口对经济社会发展的压力、人口与资源环境的紧张关系将长期存在。党的十二大报告明确提出："在我国经济和社会的发展中，人口问题始终是极为重要的问题。实行计划生育，是我国的一项基本国策。"自此，计划生育被正式确立为一项长期坚持的基本国策。我国是世界上人口最多的国家，人口多、耕地少、底子薄，人均占有资源相对不足是基本的国情。进入 20 世纪 70 年代，国家开始在全国城乡大力推行计划生育，然而，即使如此，1974 年时全国人口还是超过了 9 亿，1981 年超过了 10 亿。一方面我国人口总量在剧增，另一方面我国经济总量还处于比较低的水平，再加上就业、住房、医疗、教育、交通等方方面面的难题，使人口这个巨大分母在“人均”指标上的负面“效能”日益凸显。过快的人口增长速度与经济发展的矛盾是当时国情的一个真实写照。人口问题的严重性已影响到我国社会经济的快速发展。1979 年 3 月 30 日，邓小平在党的理论工作务虚会议上指出，要使中国实现四个现代化，至少有两个重要特点是必须看到的，一个是底子薄……第二条是人口多，耕地少……我们要大力加强计划生育工作，但是即使若干年后人口不再增加，人口多的问题在一段时间内也仍然存在。1980 年 9 月 25 日，中共中央发出《中共中央关于控制我国人口增长问题致全体共产党员、共青团员的公开信》；1981 年 3 月 6 日，设立国家计划生育委员会；1982 年 2 月 9 日，中共中央、国务院发出《关于进一步做好计划生育工作的指示》，强调要充分认识人口与计生工作的战略意义；1982 年 9 月 1 日，党的十二大明确提出，计划生育是一项基本国策。

控制人口数量、提高人口素质是计划生育的两项重要内容，需要国家采取综合措施来实现。要依靠宣传教育、科学技术进步、综合服务、建立健全奖励和社会保障制度，开展人口与计划生育工作。为了实现总则的这一规定，本法在其他章节中提出了具体要求和保障。如计划生育、教育、科技、文化、卫生、民政、新闻出版、广播电影电视等部门应当组织开展人口与计划生育宣传教育；大众传媒负有开展人口与计划生育的社会公益性宣传的义务；学校应当在学生中，以适当方式，有计划地开展生理卫生教育、青春期教育或者性健康教育。再如，国家对实行计划生育的夫妻，按照规定给予奖励；国家建立、健全基本养老保险、基本医疗保险、生育保险和社会福利等社会保障制度，促进计划生育；国家鼓励保险公司举办有利于计划生育的保险项目，有条件的地方可以根据政府引导、农民自愿的原则，在农村实行多种形式的养老保障办法；符合法律、法规规定生育子女的夫妻，可以获得延长生育假的奖励或者其他福利待遇；妇女怀孕、生育和哺乳期间，按照国家有关规定享受特殊劳动保护并可以获得帮助和补偿等。

第三条　开展人口与计划生育工作，应当与增加妇女受教育和就业机会、增进妇女健康、提高妇女地位相结合。

条文主旨

本条是关于开展人口与计划生育工作与提高妇女素质和地位相结合的规定。

条文解读

妇女在养育子女及家庭生活中扮演着重要的角色，承担着重要的责任。能否在计划生育工作中充分体现和保护妇女的合法权益，直接关系到计划生育基本国策的落实。因此，本法规定，开展人口与计划生育工作，应当与增加妇女受教育和就业机会、增进妇女健康、提高妇女地位相结合。也就是说，一方面开展计划生育工作，要注重促进妇女受教育和就业机会的增加，提高妇女地位，尤其要注重增进妇女健康；另一方面也要借力于增加妇女受教育和就业机会，增进妇女健康、提高妇女地位来促进计划生育工作。

如何增加妇女受教育和就业机会、增进妇女健康、提高妇女地位，妇女权益保障法和母婴保健法做了明确规定。(1) 关于教育权益，妇女权益保障法规定，国家保障妇女享有与男子平等的文化教育权利，学校和有关部门应当执行国家有关规定，保障妇女在入学、升学、毕业分配、授予学位、派出留学等方面享有与男子平等的权利。各级人民政府和有关部门应当采取措施，根据城镇和农村妇女的需要，组织妇女接受职业教育和实用技术培训。一个人的生育观如何，不仅受到社会经济环境和经济发展水平的制约，而且与她的文化水平、科学素养以及对子女健康成长的预期等密切联系。文化素质较高的人口由于有着较为理性的生育观，追求优生优育而少生。一方面，她们在计划生育方面表现出更多的自觉性；另一方面，由于生育较少的子女，这些子女能够在多方面得到保障，能够健康地成长。不仅身体素质较好，更重要的是接受教育的机会增多，能够培养较高的文化素质。（2）关于劳动权益，妇女权益保障法规定，国家保障妇女享有与男子平等的劳动权利和社会保障权利。各单位在录用职工时，除不适合妇女的工种或者岗位外，不得以性别为由拒绝录用妇女或者提高对妇女的录用标准。实行男女同工同酬。在晋职、晋级、评定专业技术职务等方面，应当坚持男女平等的原则，不得歧视妇女。任何单位均应根据妇女的特点，依法保护妇女在工作和劳动时的安全和健康，不得安排不适合妇女从事的工作和劳动。妇女在经期、孕期、产期、哺乳期受特殊保护。（3）关于人身权利。妇女的生命健康权不受侵犯，禁止用迷信、暴力手段残害妇女。为了保障母婴健康，母婴保健法主要规定了婚前保健和孕产期保健。另外，妇女权益保障法还规定了妇女的政治权利、财产权益和婚姻家庭权益。

相关规定

《中华人民共和国妇女权益保障法》；《中华人民共和国母婴保健法》。

第四条 各级人民政府及其工作人员在推行计划生育工作中应当严格依法行政，文明执法，不得侵犯公民的合法权益。

计划生育行政部门及其工作人员依法执行公务受法律保护。

条文主旨

本条是关于计划生育工作中必须依法行政和计划生育工作人员依法执行公务受法律保护的规定。

条文解读

依法行政、文明执法是对国家工作人员的基本要求。各级人民政府及其工作人员在推行计划生育工作中也不例外。依法行政，就是要严格依照法律规定办，不能干法律没有规定的事。在计划生育工作中，各级人民政府及其工作人员在依法行政，文明执法，维护公民合法权益上，尤其应当注意以下几个方面：

不折不扣地落实法律中规定的奖励与社会保障措施。群众实行计划生育不可避免地会遇到一些生活、生产和养老等方面的实际问题，为了帮助群众解决实际困难，保障他们的基本需要，鼓励、引导群众自觉实行计划生育，人口与计划生育法中规定了计划生育奖励与社会保障的内容。能否严格落实法律中规定的奖励与社会保障措施，是计划生育这一基本国策能否成功的关键。各级人民政府及其工作人员在推行计划生育工作中必须严格依法行政，将这些规定落到实处。

依法征收社会抚养费，用于计划生育事业。对公民的生育行为实行经济限制的制度始于20世纪80年代初，当时各省（区、市）计划生育条例中均规定对公民的生育行为实行经济限制，其名称为“超生罚款”；1994年后改称为“计划外生育费”，个别省改为“社会抚养费”；2000年3月，中央文件明确规定实行征收社会抚养费制度。考虑到超生给社会增加了负担，理应对社会给予适当补偿，本法规定，不符合本法有关规定生育子女的公民，应当依法缴纳社会抚养费。未在规定的期限内足额缴纳应当缴纳的社会抚养费的，自欠缴之日起，按照国家有关规定加收滞纳金；仍不缴纳的，由作出征收决定的计划生育行政部门依法向人民法院申请强制执行。贯彻实施这一规定时，要严格依照法定条件进行，不得使征收社会抚养费成为一种创收的手段，侵犯公民的合法权益，并应将征收的社会抚养费上缴国库，不得挪作他用。审计部门要加强监督检查，严肃查处社会抚养费征收、管理和使用中出现的问题。

我国生育政策的制定和完善必须充分考虑群众的实际困难和承受能力，使广大群众能够接受和执行。本法突出了以人为本、维护妇女生育权的指导思想。我国的人口与计划生育立法的目的，是逐步创造我国经济社会协调发展和可持续发展所需要的人口环境和条件，因此，要求计划生育工作人员以说服教育为主，依法行政，坚决杜绝强迫命令，更不能侵犯公民合法权益。

第五条 国务院领导全国的人口与计划生育工作。

地方各级人民政府领导本行政区域内的人口与计划生育工作。

条文主旨

本条是关于人口与计划生育工作政府职责的规定。

条文解读

计划生育是基本国策。宪法第 25 条规定：“国家推行计划生育，使人口的增长同经济和社会发展计划相适应。”

人口和计划生育事业是政府履行社会管理和公共服务职能的重要组成部分。宪法第 89 条赋予国务院行使的职权之一就是领导和管理计划生育工作。第 107 条规定县级以上地方各级人民政府依照法律规定的权限，管理本行政区域内的计划生育工作。根据《中华人民共和国地方各级人民代表大会和地方各级人民政府组织法》第 61 条规定，乡、民族乡、镇的人民政府行使的职权之一是管理本行政区域内的计划生育行政工作。

十八届五中全会通过的《中共中央关于制定国民经济和社会发展第十三个五年规划的建议》提出，促进人口均衡发展。全面实施一对夫妇可生育两个孩子政策。第十二届全国人大常委会第十八次会议根据中央的决策修改了人口与计划生育法，这是我国在新时期坚持计划生育基本国策的前提下，为应对人口老龄化、人口总体素质不高、出生人口性别比偏高等问题对人口与计划生育政策所作的重大战略调整。因此，国务院和地方各级人民政府要落实中央的决策并执行人口与计划生育法的规定，加强统筹协调和督促检查，将人口发展战略和规划纳入国民经济和社会发展总体规划。加大人口和计划生育事业的公共投入，确保人口和计划生育事业持续健康发展。

相关规定

《中华人民共和国宪法》第 25 条、第 89 条、第 107 条；《中华人民共和国地方各级人民代表大会和地方各级人民政府组织法》第 61 条。

第六条 国务院计划生育行政部门负责全国计划生育工作和与计划生育有关的人口工作。

县级以上地方各级人民政府计划生育行政部门负责本行政区域内的计划生育工作和与计划生育有关的人口工作。

县级以上各级人民政府其他有关部门在各自的职责范围内，负责有关的人口与计划生育工作。

条文主旨

本条是关于计划生育工作主管部门的规定。

条文解读

一、国务院计划生育行政部门的职责

目前，国务院计划生育行政部门即国家卫生和计划生育委员会。2013 年年初，党的十八届二中全会和十二届全国人大一次会议审议通过了《国务院机构改革和职能转变

方案》，决定组建国家卫生和计划生育委员会，不再保留卫生部、国家人口和计划生育委员会。县级以上地方各级人民政府计划生育行政部门指各级卫生和计划生育委员会（或人口与计划生育委员会）、计划生育局。

2013年6月9日，国务院办公厅印发《国家卫生和计划生育委员会主要职责内设机构和人员编制规定》（国办发〔2013〕50号），国家卫生和计划生育委员会加强的职责包括：坚持计划生育基本国策，完善生育政策，加强计划生育政策和法律法规执行情况的监督考核，加强对基层计划生育工作的指导，促进出生人口性别平衡和优生优育，提高出生人口素质。具体职责主要包括：负责完善生育政策，组织实施促进出生人口性别平衡的政策措施，组织监测计划生育发展动态，提出发布计划生育安全预警预报信息建议。制定计划生育技术服务管理制度并监督实施。制定优生优育和提高出生人口素质的政策措施并组织实施，推动实施计划生育生殖健康促进计划，降低出生缺陷人口数量。组织建立计划生育利益导向、计划生育特殊困难家庭扶助和促进计划生育家庭发展等机制。负责协调推进有关部门、群众团体履行计划生育工作相关职责，建立与经济社会发展政策的衔接机制，提出稳定低生育水平政策措施。制定流动人口计划生育服务管理制度并组织落实，推动建立流动人口卫生和计划生育信息共享和公共服务工作机制。

二、地方计划生育行政部门的职责

根据《中华人民共和国地方各级人民代表大会和地方各级人民政府组织法》规定，地方各级人民政府根据工作需要和精干的原则，设立必要的工作部门。省、自治区、直辖市的人民政府的厅、局、委员会等工作部门的设立、增加、减少或者合并，由本级人民政府报请国务院批准，并报本级人民代表大会常务委员会备案。省、自治区、设区的市的人民政府的各工作部门受人民政府统一领导，并且依照法律或者行政法规的规定受国务院主管部门的业务指导或者领导。

县级以上人民政府计划生育行政部门的主要职责是：结合各地实际，贯彻执行党中央、国务院制定的计划生育方针政策法律法规；根据国家编制的人口规划和人口计划拟定并确保完成本地人口发展规划和人口计划；在当地党委、政府领导下，制定并组织实施人口与计划生育方案，开展经常性的宣传教育、综合服务、科学管理工作；加强基层基础工作和服务管理网络建设，建立计划生育行政管理、技术服务、群众工作队伍，提高队伍素质和能力；深入调查研究，总结经验，指导工作。

三、县级以上各级人民政府其他有关部门在人口与计划生育工作方面的职责

由于人口与计划生育工作任务艰巨，问题重大，牵涉

面广，情况复杂，仅由计划生育部门一家承担监督管理职责是难以胜任的，因此，本条第三款规定，县级以上各级人民政府其他有关部门在各自的职责范围内负责有关的人口与计划生育工作。这样规定，比较符合实际，可以充分发挥各有关部门的作用，更全面和有效地对人口与计划生育工作实施监督领导。如 1986 年，国家建立了计划生育委员会兼职委员制度，地方各级政府成立了人口与计划生育领导小组，明确规定相关部门在人口与计划生育工作中的职责和任务。县级以上各级人民政府其他有关部门在各自的职责范围内，负责有关的人口与计划生育工作的主要职责是：参加研究人口与计划生育工作中的重大问题，研究、制定有利于人口与计划生育工作的相关社会经济政策及措施，为落实计划生育基本国策提供政策支持、工作指导、经费保障等。

相关规定

《国家卫生和计划生育委员会主要职责内设机构和人员编制规定》。

第七条 工会、共产主义青年团、妇女联合会及计划生育协会等社会团体、企业事业组织和公民应当协助人民政府开展人口与计划生育工作。

条文主旨

本条是关于有关社会组织和公民协助人民政府开展人口与计划生育工作的规定。

条文解读

一、有关社会组织协助人民政府做好计划生育工作

《中共中央、国务院关于加强人口与计划生育工作稳定低生育水平的决定》（中发［2000］8 号）指出，人口与计划生育工作是一项政策性强、涉及广大群众切身利益的社会系统工程，各级党委和政府要协调有关部门，动员全社会力量实行综合治理。各级工会、共青团、妇联和计划生育协会等群众团体作为协助党委、政府动员广大群众参与计划生育工作的重要力量，要更好地组织群众实行自我教育、自我管理、自我服务，积极发挥作用。

工会、共青团、妇联是党领导的工人阶级、先进青年、各族各界妇女的群众组织，是党联系群众的桥梁和纽带，是国家政权的重要社会支柱。人口与计划生育工作涉及千家万户，最重和最难的工作在基层。工会、共青团、妇联所联系的群众主要在基层，因此应在当地党委、政府统一领导下，在基层群众中开展人口和计划生育方针政策的宣传，普及避孕节育、优生优育、生殖保健的科学知识，引

导广大群众树立科学、文化、进步的婚育观。

计划生育协会是党和政府联系广大育龄群众的桥梁和纽带，协助政府动员广大群众参与计划生育工作，在基层计划生育、扶贫开发、社区发展等方面发挥了重要作用。中国计划生育协会作为全国性的群众团体，在协助政府控制人口数量、提高人口素质、推动两个文明建设方面，正在发挥着日益明显的作用，已经成为我国计划生育事业的重要力量。实践证明，只有走行政管理与群众工作相结合的道路，才能搞好我国的计划生育工作。各级党委和政府要进一步加强对计划生育协会的领导，充分发挥计划生育协会在广泛联系和组织群众方面的优势。计划生育协会也要充分发挥工作的主动性、积极性，协助政府做好计划生育工作。

二、公民应当协助人民政府开展人口与计划生育工作

计划生育作为基本国策，每个公民都应当履行自己的义务。宪法第 49 条第 2 款规定，夫妻双方有实行计划生育的义务。本法第 17 条规定："公民有生育的权利，也有依法实行计划生育的义务，夫妻双方在实行计划生育中负有共同的责任。"公民履行计划生育义务首先要执行计划生育政策，做到不超生，同时，也要履行一些协助义务。例如按照《流动人口计划生育工作条例》规定，流动人口中的成年育龄妇女在离开户籍所在地前，应当凭本人居民身份证到户籍所在地的乡（镇）人民政府或者街道办事处办理婚育证明。自到达现居住地之日起30日内向现居住地的乡（镇）人民政府或者街道办事处提交婚育证明，也可以通过村民委员会、居民委员会向现居住地的乡（镇）人民政府或者街道办事处提交婚育证明。

相关规定

《中华人民共和国宪法》第49条；《中华人民共和国人口与计划生育法》第17条；《流动人口计划生育工作条例》。

第八条 国家对在人口与计划生育工作中作出显著成绩的组织和个人，给予奖励。

条文主旨

关于对在人口与计划生育工作中作出显著成绩的组织和个人给予奖励的规定

立法背景

对在社会发展和经济建设中做出贡献，创造出业绩的组织和个人给予奖励既是对其所做贡献的肯定，同时是对社会的一种引导、示范。国家对在人口与计划生育工作中作出显著成绩的组织和个人给予奖励，目的也在于此。

条文解读

奖励有精神上和物质上的两种。精神奖励主要包括：评选表彰劳动模范、优秀公务员、优秀工作者；表彰计划生育先进集体、先进个人；为从事计划生育工作一定年限的人员颁发荣誉证书；组织社会力量评选中华人口奖、中国人口新闻奖、中国人口文化奖等。物质奖励主要包括颁发奖品或奖金、提高有关待遇、晋级晋升，享受有关的优先、优待、优惠政策等。

需要说明的是，本条的奖励只是国家对在人口与计划生育工作中有显著成绩的组织和个人给予的奖励，而不包括国家对实行计划生育的夫妻给予的奖励。本法第 23 条规定，国家对实行计划生育的夫妻，按照规定给予奖励。

相关规定

《中华人民共和国人口与计划生育法》第 23 条。

第二章 人口发展规划的制定与实施

第九条 国务院编制人口发展规划，并将其纳入国民经济和社会发展计划。

县级以上地方各级人民政府根据全国人口发展规划以及上一级人民政府人口发展规划，结合当地实际情况编制本行政区域的人口发展规划，并将其纳入国民经济和社会发展计划。

条文主旨

本条是关于政府编制人口发展规划，并将其纳入国民经济和社会发展计划的规定。

立法背景

人口是社会生活的基本前提和出发点，是社会物质生活条件的必要因素；人口的发展变化和经济的发展变化是相互依存、相互制约的。人口发展与经济发展相协调，就能促进和加快经济的发展，反之人口发展与经济发展比例失调，就会延缓经济的发展。因此，必须坚持人口与发展综合决策，制定符合国情的人口发展规划，并将其纳入国民经济和社会发展的总体规划之中，采取有效措施，确保人口发展规划的实现。

条文解读

把人口发展规划纳入整个国民经济和社会发展战略之中，实现一体化的发展战略，主要考虑以下因素：(1) 人口均衡发展与经济、社会发展相协调。要保持适度生育水平，必须在实行计划生育和大力发展经济的同时，努力提高医疗保健水平，发展社会福利事业，建立以养老保险为主要内容的社会保障体系，解除人们的各种后顾之忧。(2) 人口分布、迁移、流动与社会经济发展相适应。发展中国家的经济以及社会福利、教育等方面的发展过分地集中在城市。解决问题的根本出路，在于调整经济发展战略、重视农村的发展、推动农村现代化和城镇化。(3) 人口素质与经济、社会发展相适应。必须大力发展落后地区的文化教育事业，提高人口素质，为经济发展提供良好的劳动力。

我国自 20 世纪 70 年代起开始制定全国人口发展规划，并将人口发展规划纳入国民经济与社会发展总体规划之中。按照本法规定，人口发展规划由国务院编制，纳入国民经济和社会发展规划。地方的人口发展规划，由县级以上地方各级人民政府编制，并纳入国民经济和社会发展计划。实践证明，通过制定人口发展规划，调节人口与经济、社会、环境的关系，是我国人口与计划生育工作的一个重要的调控手段。

“十二五”期间，我国人口发展规划的目标是：（1）人口总量目标。低生育水平保持稳定，人口年均自然增长率控制在 7.2‰以内，全国总人口控制在 13.9 亿人以内。（2）人口素质目标。教育普及水平进一步提高，15 岁以上国民平均受教育年限达到 9.3 年，新增劳动力平均受教育年限达到 13.3 年；在职人员培训覆盖面进一步扩大，劳动力素质明显提高，人才队伍进一步壮大。婴儿死亡率降到 12‰，孕产妇死亡率降到 22/10 万，严重多发致残的出生缺陷发生率降低，人均预期寿命达到 74.5 岁。（3）人口结构目标。出生人口性别结构得到有效改善，全国出生人口性别比下降至 115 以下。（4）人口分布目标。城镇化率提高约 4 个百分点，限制开发区域内人口更多地集聚在县城和中心镇，禁止开发区域内人口总量有所减少，人口空间分布趋于合理。流动人口基本公共服务均等化初步实现。（5）民生保障目标。社会就业更加充分，城镇登记失业率控制在 5% 以内，城乡居民收入大幅提高，家庭发展能力得到增强。覆盖城乡居民的社会保障体系建设加快推进，社会养老服务体系基本建立，养老服务能力明显提升。贫困人口显著减少，残疾人社会保障体系和服务体系框架基本建立，生活状况得到进一步改善。

根据党的十八届五中全会公报，今后我国人口发展的目标将会有所调整。需要注意的是，各级人民政府在编制区域发展、城乡建设等规划时，要与本区域人口发展规划相适应。

第十条 县级以上各级人民政府根据人口发展规划，制定人口与计划生育实施方案并组织实施。

县级以上各级人民政府计划生育行政部门负责实施人口与计划生育实施方案的日常工作。

乡、民族乡、镇的人民政府和城市街道办事处负责本管辖区域内的人口与计划生育工作，贯彻落实人口与计划生育实施方案。

条文主旨

本条是关于各级政府制定、实施人口与计划生育实施方案的规定。

条文解读

宪法规定，县级以上地方各级人民政府依照法律规定的权限，管理本行政区域内的计划生育工作。管理本行政区域内的计划生育工作包括两方面的内容：一是制定人口与计划生育实施方案；二是组织人口与计划生育实施方案的实施。其中县级以上各级人民政府制定实施方案并组织实施；乡、民族乡、镇的人民政府和城市街道办事处不能制定实施方案，只能贯彻落实实施方案。

人口与计划生育实施方案是指为保证人口与计划生育法律法规和人口发展规划在本行政区域内得到全面贯彻实施而依据人口发展规划制定的工作计划、目标、任务、措施、要求和方法的总称。制定人口与计划生育实施方案是落实人口与计划生育法律法规和人口发展规划的必要条件。人口与计划生育实施方案一般包括以下几个方面的内容：（1）指导思想；（2）实施主体；（3）一定时期内的工作任务与奋斗目标；（4）人口发展规划的具体落实办法；（5）落实实施方案的具体保障措施；（6）实施方案的具体运作形式。

人口与计划生育方案的实施与教育的普及、妇女地位的提高、医疗卫生条件的改善、妇幼保健水平的提高、社会福利和社会保障体系的健全和完善以及帮助贫困地区摆脱贫困等密切相关。计划生育方案的实施对于促进人们婚育观念的转变、普及妇幼保健、优生优育和避孕节育知识，实现生育率下降起着重要的作用。县级以上各级人民政府计划生育行政部门负责实施人口与计划生育实施方案的日常工作。乡、民族乡、镇的人民政府和城市街道办事处负责本管辖区域内的人口与计划生育工作，贯彻落实人口与计划生育实施方案。

相关规定

《中华人民共和国宪法》第107条。

第十一条 人口与计划生育实施方案应当规定控制人口数量，加强母婴保健，提高人口素质的措施。

条文主旨

本条是关于人口与计划生育实施方案包括的措施的规定。

条文解读

人口与计划生育实施方案应当规定三个方面的措施：

一、关于控制人口数量

从人口发展的总的形势上看，目前我国人口增长势头减弱。生育旺盛期妇女数量开始呈现下降态势，同时随着人口老龄化程度提高，人口死亡率有所上升，在生育政策不变的条件下，人口增长的势头进一步减弱。“十二五”是我国人力资源最为丰富的时期，劳动年龄人口总量达到峰值，此后缓慢下行，人口抚养比在经历40多年下降后开始上升。老年人口出现第一次增长高峰。20世纪50年代第一次生育高峰出生人口相继进入老年，“十二五”期间我国60岁以上老年人口年均增长800万以上，总量突破2亿。城镇人口历史性超过农村人口。城镇化率超过50%，城乡人口格局正在发生根本性变化。随着产业转移的加快、中西部城市群的发展，人口流动迁移呈现出新的特点，人口流向趋于多元化。

我国人口众多的基本国情长期不会改变，根据国家卫生计生委的数据，目前人口总量是13.7亿，到2020年将是14.3亿，2030年将是14.5亿，即使过了人口总量峰值，到2050年还有13.8亿。过去是长期控制人口过快增长，现在要提升素质、优化结构、合理分布。国家的发展关键是人口素质，要把人口大国转变为人力资源强国。计划生育的基本国策仍必须坚持。当前，坚持计划生育的基本国策，就是要实施好“全面二孩”政策，推进计划生育服务管理改革，引导家庭负责任、有计划地安排生育，调控人口总量、提升人口素质、优化人口结构、引导人口合理分布，促进人口均衡发展，完善人口发展战略。“全面二孩”政策有三个方面的好处：一是有利于更好满足群众生育意愿，促进家庭幸福与社会和谐。据国家卫生计生委的调查，20~44岁已婚人群平均理想子女数为1.93个。政策调整后，家庭规模有所扩大，有利于构建稳定的亲缘关系网络，增加家庭代际支持、养老照料功能，促进家庭发展。二是有利于优化人口结构，减缓老龄化压力，增加劳动力供给。根据国家卫生计生委的数据，我国人口自然增长率从 1971 年的 23.3‰下降到 2014 年的 5.21‰，妇女总和生育率从 5.4 下降到 1.5 ~ 1.6，人口老龄化速度加快，劳动年龄人口和育龄人口开始减少。实施“全面二孩”政策，到 2050 年，老年人口在总人口中所占比重与不调整政策相比将降低两个百分点。三是有利于促进经济持续健康发展。短期看，政策调整将直接带动住房、教育、健康、家政及日用品等方面需求，刺激扩大相关领域投资，增加就业。长期看，对经济增长的正效应更为显著。在新增人口进入劳动年龄后，经济潜在增长率将有所提高。

二、关于加强母婴保健

母亲与婴儿的健康状况不仅反映其本身的健康问题，还反映社会人群的整体健康水平，反映整个国家的政治、经济、文化的整体水平。母婴保健直接关系到社会的稳定、家庭的稳定、儿童的生存与发展，因此具有特别重要的意义。

宪法规定，婚姻、家庭、母亲和儿童受国家的保护。母婴保健法的规定，国家发展母婴保健事业，提供必要条件和物质帮助，使母亲和婴儿获得医疗保健服务。各级人民政府领导母婴保健工作。母婴保健事业应当纳入国民经济和社会发展计划。《中华人民共和国母婴保健法实施办法》的规定，母婴保健技术服务主要包括：有关母婴保健的科普宣传、教育和咨询；婚前医学检查；产前诊断和遗传病诊断；助产技术；实施医学上需要的节育手术；新生儿疾病筛查；有关生育、节育、不育的其他生殖保健服务。母婴保健工作以保健为中心，以保障生殖健康为目的，实行保健和临床相结合，面向群体、面向基层和预防为主的方针。各级人民政府应当将母婴保健工作纳入本级国民经济和社会发展计划，为母婴保健事业的发展提供必要的经济、技术和物质条件，并对少数民族地区、贫困地区的母婴保健事业给予特殊支持。县级以上地方人民政府根据本地区的实际情况和需要，可以设立母婴保健事业发展专项资金。

三、关于提高人口素质

人口素质是一个国家或地区人口群体的身体素质、文化科技素质和思想道德素质的综合表现，人口素质的提高体现在一般劳动能够转化为人力资本，成为推动经济持续增长的重要生产要素。反映人口素质的指标很多，如人口平均身高和体重、平均寿命、儿童智力水平、人口文化教育程度、熟练劳动者的比重等。影响人口素质的因素可概括分为自然因素和社会因素。自然因素包括个体遗传、自然条件、生态环境、气候、地域等。社会因素包括政治因素、经济因素、思想因素、文化因素、道德因素、宗教因素等。与自然因素相比，社会因素是影响人口素质的决定因素。人口素质与经济发展既相互促进，又相互制约。当人口素质与生产力发展相适应时，可以加速生产力的发展；反之，就会延缓生产力的发展。

我国是世界上人口最多的发展中国家。如何提高人口素质，将我国人口多的压力转化为人力资源丰富的优势，为加快转变经济发展方式提供有力支撑，是新形势下必须面对的重要问题。提高人口素质是一项根本性的、长期性的战略任务。提倡和保障优生，减少出生缺陷发生，提高出生人口素质，对提升我国综合国力和国际竞争力，促进经济社会协调可持续发展有着重要意义。因此，人口与计划生育实施方案应当规定提高人口素质的措施。

相关规定

《中华人民共和国宪法》第 49 条；《中华人民共和国母婴保健法》第 2 条、第 3 条；《中华人民共和国母婴保健法实施办法》。

第十二条 村民委员会、居民委员会应当依法做好计划生育工作。

机关、部队、社会团体、企业事业组织应当做好本单位的计划生育工作。

条文主旨

本条是关于基层群众性自治组织、机关、部队及其他社会组织做好计划生育工作的规定。

条文解读

一、基层群众性自治组织做好计划生育工作的职责

居民委员会是居民自我管理、自我教育、自我服务的基层群众性自治组织。是城市居民群众依法办理群众自己的事情，实现城市基层社会主义民主的载体和平台。城市居民委员会组织法第3条规定的居民委员会的任务之一是协助人民政府或者它的派出机关做好计划生育工作。居委会对居住在本社区的常住人口相对熟悉，对协助政府做好计划生育工作具有得天独厚的优势，特别是对于解决计划生育工作中的难点问题——流动人口的计划生育问题具有不可替代的作用。因此政府要发挥好居委会在计划生育工作中的作用，同时法律也有必要要求居委会协助政府做好计划生育工作。实践证明，居委会作为最贴近城镇居民的基层群众性自治组织，其在计划生育宣传、服务等方面具有其他社会组织无可比拟的优势，四十多年来在计划生育

工作中也发挥了极其重要的作用。

村民委员会是村民自我管理、自我教育、自我服务的基层群众性自治组织，实行民主选举、民主决策、民主管理、民主监督。村民委员会组织法第9条规定的村民委员会的职责之一是做好计划生育工作。在农村实行计划生育无疑是我国计划生育工作的重点和难点。由于受“重男轻女”封建思想的影响，以及我国农村生产力水平相对较低，男子作为劳动力有一定现实需求，再加上我国农村社会保障制度不够完善，“养儿防老”思想还有一定社会基础。因此在上世纪八九十年代，我国在农村实行计划生育政策产生的社会矛盾比较尖锐。新世纪以来，随着我国综合国力的提高，我国农村的经济社会发展发生了翻天覆地的变化。主要体现在农村居民人均纯收入逐年提高，农村居民以医疗、养老为主的社会保障制度得到根本改善，农村的计划生育工作取得了明显的成绩。

本条第1款不但强调居民委员会、村民委员会有做好计划生育工作的职责，而且强调要依法做好计划生育工作。《流动人口计划生育工作条例》第14条第1款规定：“流动人口现居住地的村民委员会、居民委员会应当协助所在地的乡（镇）人民政府或者街道办事处了解本村或者本居住地区流动人口计划生育情况，及时向乡（镇）人民政府或者街道办事处通报相关信息。”第8条第2款、第3款规定，村民委员会、居民委员会应当协助乡（镇）人民政府、街道办事处做好流动人口婚育情况登记，督促未办理婚育证明的成年育龄妇女及时补办婚育证明；告知流动人口在现居住地可以享受的计划生育服务和奖励、优待，以及应当履行的计划生育相关义务。

二、机关、部队、社会团体、企业事业组织应当做好本单位的计划生育工作的职责

人口与计划生育工作是一项政策性强、涉及广大群众切身利益的社会系统工程，除了切实加强党和政府对人口与计划生育工作的领导外，还要坚持和完善人口与计划生育目标管理责任制，进一步落实法定代表人计划生育工作责任制。各类所有制形式的企业和事业单位、各种社会组织等都要依据有关法律法规，承担管理计划生育的责任，落实计划生育工作的人员、经费和措施以及计划生育的奖励优惠政策。

相关规定

《中华人民共和国城市居民委员会组织法》第 3 条；《中华人民共和国村民委员会组织法》第 9 条；《流动人口计划生育工作条例》第 8 条、第 14 条。

第十三条 计划生育、教育、科技、文化、卫生、民政、新闻出版、广播电视等部门应当组织开展人口与计划生育宣传教育。

大众传媒负有开展人口与计划生育的社会公益性宣传的义务。

学校应当在学生中，以符合受教育者特征的适当方式，有计划地开展生理卫生教育、青春期教育或者性健康教育。

条文主旨

本条是关于计划生育宣传、教育的规定。

条文解读

一、关于人口与计划生育宣传

人口问题始终是制约我国全面协调可持续发展的重大问题，是影响经济社会发展的关键因素。我国实行计划生育以来，有效控制人口过快增长的势头，缓解了人口对资源、环境的压力，有力地促进了经济发展和社会进步。但我国人口素质总体水平还不高，主要问题是人口老龄化日益加重，我国已进入老龄社会。2014 年我国 60 岁及以上老年人口达 2.1 亿人，占总人口的 15.5%，社会保障面临空前压力，“未富先老”特征愈加明显。十八届五中全会通过的《中共中央关于制定国民经济和社会发展第十三个五年规划的建议》提出，促进人口均衡发展，全面实施一对夫妇可生育两个孩子政策。第十二届全国人大常委会第十八次会议修改了人口与计划生育法，这是我国在坚持计划生育基本国策的前提下，对完善人口政策作出的重大战略调整。因此国务院和地方人民政府计划生育、教育、科技、文化、卫生、民政、新闻出版、广播电视等部门要密切配合，利用各种传媒，采用多种方式，组织开展人口与计划生育宣传教育。一是进一步加强人口和计划生育法制宣传，深入开展国策、国情、人口形势教育，积极倡导科学、文明、进步的婚育观念，促进人口和计划生育惠民政策深入人心，引导群众遵纪守法，自觉实行计划生育，在全社会形成有利于计划生育的良好氛围。二是深入开展“婚育新风进万家”和文化、科技、卫生“三下乡”活动，大力宣传和普及优生优育、生殖健康、妇幼保健的科学知识。利用城市社区、农村基层各种文化场所和宣传途径，开展群众喜闻乐见的人口文化活动，努力建设社会主义新型生育文化。

二、关于人口与计划生育教育

青春期是人体性从发育到成熟的关键时期。处于青春期的少年、青年基本在学校度过，因此，学校以适当的方式对学生开展生理卫生教育、青春期教育或者性健康教育，对于青少年形成正确的人生观、世界观和价值观具有重要作用。

本条要求对学生开展生理卫生教育、青春期教育或者性健康教育，要以符合受教育者特征的适当方式进行，主要是遵循青少年身体发育的规律，在适当的年龄阶段开展适当内容的教育。1984 年教育部、卫生部、国家计划生育委员会下发的《关于改进和加强中学生理卫生知识教育的通知》提出，生理卫生课中“生殖和发育”一章内容，对帮助学生正确对待恋爱、婚姻、生育问题和将来自觉做到计划生育，对德、智、体全面发展，都有重要意义。必须端正思想，消除顾虑，认真讲好这一章。要划清淫秽物品的传播与进行正常生理卫生知识教育的界限。同时，要做好学生的思想工作。这章内容，除在初三安排学习外，各学校还可以根据实际情况，在大部分女学生月经到来之前先安排一二次讲座。在高中，可以结合《人口教育讲座》，进一步进行这方面的教育。

相关规定

《关于改进和加强中学生理卫生知识教育的通知》。

第十四条 流动人口的计划生育工作由其户籍所在地和现居住地的人民政府共同负责管理，以现居住地为主。

条文主旨

本条是关于流动人口计划生育工作管理原则的规定。

立法背景

在我国，由于流入地和流出地隶属两个不同的行政辖区，各地区在计划生育管理的内容、手段、目标方面有着一定的差异，造成了流入地和流出地计划生育管理方面管理上的不统一。为了有效解决上述问题，加强对流动人口计划生育的管理，维护流动人口的合法权益，需要建立一套有效的新的计划生育管理机制，以充分发挥现居住地和户籍地两方面的积极性，防止计划生育工作中在流动人口的管理上出现漏洞。因此，本条规定由流动人口的户籍所在地和现居住地的人民政府共同负责管理，以现居住地为主的原则。

条文解读

按照《流动人口计划生育工作条例》的规定，流动人口，是指离开户籍所在地的县、市或者市辖区，以工作、生活为目的异地居住的成年育龄人员。流动人口这一群体是伴随着改革开放的大潮而兴起的，随着社会经济的飞速发展，社会改革开放层面的不断深入，其数量也在不断增加，《2015年中国流动人口发展报告》中指出，“十二五”时期，我国流动人口年均增长约800万人，2014年年末达到2.53亿人。根据城镇化、工业化进程和城乡人口变动趋势预测，到2020年，我国流动迁移人口（含预测期在城镇落户的人口）将逐步增长到2.91亿，年均增长600万人左右，其中，农业转移人口约2.2亿人，城城之间流动人口约7000万人。“十三五”时期，人口继续向沿江、沿海、铁路沿线地区聚集。十七大、十八大报告中都提出要不断完善流动人口管理服务体系的任务，强调完善和创新流动人口和特殊人群管理服务。因此，做好流动人口计划生育工作具有十分重要而现实的意义。

这一规定，明确了流动人口计划生育服务和管理的工作原则包括以下两方面含义：一是两地共同负责；二是以现居住地为主。其中共同负责是基础，以现居住地为主是核心，两方面相辅相成，缺一不可。

一是由流动人口的户籍所在地和现居住地的人民政府共同负责管理。这是一种双向管理的体制，既不是过去的单纯由户籍地管理，也不是单纯由现居住地管理，而是由户籍地（流出地）与现居住地（流入地）两家共同管理，形成双向管理机制，调动两方面的积极性，互相配合，相互沟通，形成合力，共同做好流动人口的计划生育工作。

二是在流动人口的户籍所在地和现居住地的人民政府共同负责管理的基础上，以现居住地管理为主。流动人口现居住地的地方人民政府负责对流动人口计划生育工作的日常管理，并将流动人口计划生育工作纳入当地计划生育管理。公安、工商、劳动、卫生等各相关部门在现居住地管理中各负其责，形成合力，促进人口与计划生育综合管理。

实行以流动人口的户籍所在地和现居住地的人民政府共同负责管理，以现居住地为主的管理体制，是有积极意义的：首先，有利于增强各级领导及广大计划生育干部的责任感和积极性，打破长期以来以户籍地管理为主的旧的管理观念，形成新的大人口观念和一盘棋思想；其次，通过流动人口的流入地与流出地建立起有效的联系制度，可以堵塞管理上的漏洞，切实加强对流动人口计划生育的管理；第三，可以更好地保障流动人口的合法权益，使他们不仅可以免除往返奔波之苦，减轻经济负担，而且可以享受与当地户籍人口同样的生殖保健、避孕节育服务。

相关规定

《流动人口计划生育工作条例》。

第十五条　国家根据国民经济和社会发展状况逐步提高人口与计划生育经费投入的总体水平。各级人民政府应当保障人口与计划生育工作必要的经费。

各级人民政府应当对贫困地区、少数民族地区开展人口与计划生育工作给予重点扶持。

国家鼓励社会团体、企业事业组织和个人为人口与计划生育工作提供捐助。

任何单位和个人不得截留、克扣、挪用人口与计划生育工作费用。

条文主旨

本条是关于人口与计划生育经费投入和保障的规定。

条文解读

本条包含以下四方面内容:

第一，关于政府经费保障。人口和计划生育事业是政府履行社会管理和公共服务职能的重要组成部分。党中央、国务院历来高度重视人口和计划生育事业，《中共中央、国务院关于全面加强人口和计划生育工作统筹解决人口问题的决定》中就完善人口和计划生育工作的相关社会经济政策以及保障机制提出了明确要求。做到“人口和计划生育财政投入增长幅度要高于经常性财政收入增长幅度”。各地要把计划生育经费纳入各级政府的财政预算，切实予以保证。逐步提高人口与计划生育经费投入的总体水平，计划生育事业费增长幅度高于财政收入的增长幅度。对人口和计划生育事业的公共投入，是保稳定、促发展的基础性投入，是促进人口和计划生育事业稳定健康发展的物质基础，因此，要从财政方面加大投入，确保人口和计划生育事业持续健康发展。

第二，关于政府对贫困地区、少数民族地区开展人口与计划生育工作的扶持。贫困地区、少数民族地区一般生育率较高，人口增长与经济发展、资源利用的矛盾十分尖锐。由于近亲结婚和早婚早育以及各种慢性传染病、地方病发病率高，造成人口素质偏低。如果计划生育工作跟不上，使人口发展不能有效的控制，必然影响其发展。为改变这种情况，就要把贫困地区、少数民族地区计划生育工作纳入国家扶贫整体的计划中，建立扶贫与计划生育相结合工作责任制度，同步改变计划生育工作的后进状态，把帮助群众致富作为计划生育工作的重要内容，使计划生育同脱贫致富有机地结合起来。

第三，关于捐赠。捐赠是计划生育工作经费的辅助来源。捐赠使社会闲散资金得以重新分配，有助于形成全社会支持计划生育事业的良好氛围。国家建立多渠道的筹资体制，鼓励民间捐资、社会募捐和国际捐赠。国家支持建立人口与计划生育公益基金。捐赠法对捐赠的主体、捐赠财产的使用和管理、优惠政策等作出了规定。

第四，人口与计划生育工作费用应严格按照规定使用，任何单位和个人不得截留、克扣、挪用。如违法使用计划生育费用的，依照本法第 39 条的规定将受到相应的处罚，本法第 39 条规定，国家机关工作人员在计划生育工作中，截留、克扣、挪用、贪污计划生育经费或者社会抚养费的依法给予行政处分，有违法所得的，没收违法所得，构成犯罪的，依法追究刑事责任。

相关规定

《中华人民共和国人口与计划生育法》第 39 条；《中共中央、国务院关于全面加强人口和计划生育统筹解决人口问题的决定》。

第十六条 国家鼓励开展人口与计划生育领域的科学研究和对外交流与合作。

条文主旨

本条是关于人口计生领域科学研究和对外交流合作的规定。

条文解读

人口与计划生育领域的科学研究包括：1. 人口学研究。人口学是研究人口发展，人口与社会、经济、生态环境等相互关系的规律性和数量关系及其应用的科学总称。人口学包括：人口理论、人口统计学，还包括研究人口与社会、经济、生态环境诸现象间的相互关系的分支学科。人口学的研究为人口政策的调整提供科学依据，对经济社会的发展具有重要作用。2. 计划生育技术研究，如对避孕、节育药具和技术的研究等。国家鼓励科研机构和科研人员开展人口与计划生育领域的科学研究，为人口政策的制定提供科学依据，为计划生育服务提供技术支持。

人口问题是世界各国都会面临的关系国计民生的一个重要问题，每个国家也有各自解决这一问题的经验。开展人口与计划生育领域的对外交流与合作，一方面是学习和借鉴其他国家的有益经验，另一方面也可以传播中国经验，树立我国人口与计划生育工作的良好形象，争取国际社会广泛的理解和支持。因此，国家要鼓励开展人口与计划生育领域的对外交流与合作，积极参与双边及多边活动，不断拓宽交流合作的范围，提高交流合作的深度和水平。

目前我国参加的人口领域的国际交流合作活动主要包括：

1. 参加国际会议。例如，联合国国际人口与发展大会（ICPD），是联合国关于人口问题的最高级会议，由联合国经济与社会理事会主持召开，每 10 年举办一次。1994 年第三次国际人口与发展大会在开罗举行，会议通过的《关于国际人口与发展行动纲领》确定了未来 20 年世界人口发展的战略目标。2014 年第 69 届联大关于国际人口与发展会议《行动纲领》特别会议在纽约联合国总部举行。

2. 与国际组织开展合作。在人口与计划生育领域中，与中国建立合作关系的国际组织有：联合国人口与发展委员会、联合国人口基金、国际计划生育联合会、世界卫生组织、人口与发展南南合作伙伴组织等。其中，人口与发展南南合作伙伴组织成立于 1994 年，由 10 个发展中国家在开罗国际人口与发展大会上发起。中国于 1997 年加入该伙伴组织。

3. 参与双边交流与合作。中国政府或民间组织与亚洲、非洲、欧洲和拉丁美洲一些国家的政府或非政府组织、科研单位和企业，在人口与计划生育领域建立了合作关系。

第三章 生育调节

第十七条 公民有生育的权利，也有依法实行计划生育的义务，夫妻双方在实行计划生育中负有共同的责任。

条文主旨

本条是关于公民有生育权利与实行计划生育的义务的规定。

立法背景

公民的生育权是一项基本的人权，如何正确看待和理解生育权，是我们进行计划生育立法不容回避的问题。公民的生育权是与生俱来的，是先于国家和法律发生的权利，作为人的基本权利，生育权与其他由宪法、法律赋予的选举权、结社权等政治权利不同，是任何时候都不能剥夺的。因此，多年来，有一种观点主张，生育是完全自由的，生不生、生多少、跟谁生，都是当事人自己的事，不需要法律的规定；但随着社会的发展，国际社会对生育权问题提出的新的观点，就是自由且负责任的行使生育权，强调夫妻和个人对子女、家庭和社会的“责任”，强调夫妻在行使生育权时，要考虑到将来子女的需要和对社会的责任。从这个意义上讲，公民有生育的权利，但同时应当承担对家庭、子女和社会的责任。

条文解读

法律规定的生育权是指公民享有生育子女及获得与此相关的信息和服务的权利，一般认为，主要包括以下内容：一是自由而负责地决定生育子女的时间、数量和间隔的权利。二是公民有生育的权利，也有不生育的自由。公民有权利选择生育或者不生育，不生育也不应当受到歧视。本法第 22 条规定，禁止歧视、虐待生育女婴和不育的妇女；妇女权益保障法第 51 条规定，妇女有按照国家有关规定生育子女的权利，也有不生育的自由。三是在生育权问题上夫妻之间享有平等的权利。从理论上说，生育是男女双方的共同行为，不可能依靠单方实现，因此，一方不能强迫另一方实现这个权利，这个权利应当是以双方协商为基础的，两个人共同的意愿才能实现。四是生殖健康权。生殖健康是指生殖系统及其功能和过程的一切事宜上身体、精神和社会等方面的健康状态，而不仅仅是指没有疾病或者不虚弱。生殖健康表示人们能够有满意而且安全的性生活，有生育能力。

我国宪法规定："夫妻双方有实行计划生育的义务。"由于我国人口多，控制人口数量、提高人口素质、改善人口结构是我国计划生育工作的基本要求。当前，我国正处于人口大国向人力资本强国转变的关键时期，必须从全局和战略高度出发，从国家和人民长远根本利益出发，充分认识坚持计划生育基本国策的重要性和长期性。计划生育工作是宏观人口发展与微观家庭生育计划的结合，既反映了国家的总体利益，也充分考虑到公民的实际困难。计划生育工作强调国家指导、群众自愿，这就要求国家制定法律、法规，引导群众转变生育观念，规范生育行为，履行法定义务，使公民依法负责任地行使生育权。我国公民应当履行的计划生育义务包括：

第一，依照法律、法规的规定生育子女。本法第 18 条对国家的生育政策进行了调整，国家提倡一对夫妻生育两个子女。符合法律、法规规定条件的，可以要求安排再生育子女，具体办法由省、自治区、直辖市人民代表大会或者其常务委员会规定。少数民族也要实行计划生育，具体办法由省、自治区、直辖市人民代表大会或者其常务委员会规定。根据上述规定，公民履行计划生育的义务，就是要依照本法以及其他有关法律、法规的规定安排生育。

第二，违反国家生育政策生育的公民，要依法缴纳社会抚养费，同时给予行政处分或者纪律处分。本法第 41 条规定：“不符合本法第十八条规定生育子女的公民，应当依法缴纳社会抚养费。未在规定的期限内足额缴纳应当缴纳的社会抚养费的，自欠缴之日起，按照国家有关规定加收滞纳金；仍不缴纳的，由作出征收决定的计划生育行政部门依法向人民法院申请强制执行。”征收社会抚养费具有强制性和补偿性，是要求违反计划生育政策超生的人承担一定的经济责任。本法第 42 条还规定：“按照本法第四十一条规定缴纳社会抚养费的人员，是国家工作人员的，还应当依法给予行政处分；其他人员还应当由其所在单位或者组织给予纪律处分。”

第三，公民在工作、生活中，要遵守计划生育有关法律、法规的规定，不得拒绝和阻碍计划生育工作人员依法执行公务，更不得采用违法手段破坏计划生育工作的开展，有违法行为的都要承担相应的法律责任。

我国宪法规定：“夫妻双方有实行计划生育的义务。”婚姻法也规定：“夫妻在家庭中地位平等。”“夫妻双方都有实行计划生育的义务。”但在实际生活中，男尊女卑的观念，男女不平等的现象依然存在。因此，本法第 17 条明确规定，夫妻双方在计划生育工作中负有共同的责任。在是否生育、何时生育、采取何种方式避孕、由谁来承担避孕措施等问题上，夫妻双方有共同的参与权、决定权，也有对实行计划生育负有共同的责任。

相关规定

《中华人民共和国宪法》第49条；《中华人民共和国妇女权益保障法》第51条；《中华人民共和国人口与计划生育法》第18条、第22条、第41条；《中华人民共和国婚姻法》第13条、第16条。

第十八条 国家提倡一对夫妻生育两个子女。

符合法律、法规规定条件的，可以要求安排再生育子女。具体办法由省、自治区、直辖市人民代表大会或者其常务委员会规定。

少数民族也要实行计划生育，具体办法由省、自治区、直辖市人民代表大会或者其常务委员会规定。

夫妻双方户籍所在地的省、自治区、直辖市之间关于再生育子女的规定不一致的，按照有利于当事人的原则适用。

条文主旨

本条是关于生育政策的规定。

立法背景

二十世纪五六十年代，随着经济恢复、社会安定、人民生活改善和医疗卫生保障水平的提高，我国总人口从新中国成立初期的5.4亿人迅速增加到1970年的8.3亿人，给经济社会发展带来了巨大压力。为控制人口过快增长，国家从二十世纪七十年代开始在城乡推行计划生育。1973年提出“晚、稀、少”，一对夫妇生育两个孩子，1979年提出提倡一对夫妇生育一个孩子。1980年，中共中央发出公开信，号召全体共产党员、共青团员和广大群众，自觉实行计划生育，提倡一对夫妇只生育一个孩子。1982年，中共中央、国务院下发《关于进一步做好计划生育工作的指示》（中发［1982］11号），对生育政策作出具体规定：“国家干部和职工、城镇居民，除特殊情况经过批准者外，一对夫妇只生育一个孩子。农村普遍提倡一对夫妇只生育一个孩子。某些群众确有实际困难要求二胎的，经过审批可以有计划地安排。不论哪一种情况都不能生三胎。对于少数民族，也要提倡计划生育”。1984年，中共中央批转国家计划生育委员会党组《关于计划生育工作情况汇报》（中发［1984］7号），提出要进一步完善计划生育工作的具体政策，按照规定的条件，经过批准，可以生二胎，严禁生育超计划的二胎和多胎。1991年，中共中央、国务院在《关于加强计划生育工作严格控制人口增长的决定》(中发［1991］9号）中对我国的生育政策再次作了阐明:“提倡晚婚晚育，少生优生；提倡一对夫妇只生育一个孩子。国家干部和职工、城镇居民除有特殊情况经过批准可以生第二个孩子外，一对夫妇只生育一个孩子。农村也要提倡一对夫妇只生育一个孩子，某些群众确有实际困难，经过批准可以间隔几年后生第二个孩子。为了提高少数民族地区的经济文化水平和民族素质，在少数民族中也要实行计划生育，具体要求和做法由各自治区或者所在省决定。”2000年，《中共中央、国务院关于加强人口与计划生育工作稳定低生育水平的决定》（中发［2000］8号）提出，计划生育是我们必须长期坚持的基本国策。在实现了人口再生产类型的转变之后，人口与计划生育工作的主要任务将转向稳定低生育水平，提高出生人口素质。2001年12月29日，第九届全国人民代表大会常务委员会第二十五次会议审议通过《中华人民共和国人口与计划生育法》，自2002年9月1日起施行，规定“国家稳定现行生育政策，鼓励公民晚婚晚育，提倡一对夫妻生育一个子女；符合法律、法规规定条件的，可以要求安排生育第二个子女。”

经过几十年的努力，我国计划生育工作取得了巨大成就，推动了我国从高生育水平向低生育水平的转变，促进与资源环境相协调。近年来，我国人口发展出现重大转折性变化，表现为：人口总量增长势头明显减弱，劳动年龄人口和育龄妇女开始减少，老龄化程度不断加深；群众生育观念发生重大转变，少生优生已成为社会生育观念的主流；家庭规模趋向小型化，养老抚幼功能弱化；人口红利减弱，以人力资本为核心的国际竞争优势有待进一步加强。为应对这些变化给我国经济社会发展和人口安全带来的新挑战，国家对计划生育的工作目标和实施方式进行调整完善。2013 年 11 月，党的十八届三中全会审议通过《中共中央关于全面深化改革若干重大问题的决定》，提出启动实施一方是独生子女的夫妇可生育两个孩子的政策。2013 年 12 月 28 日，第十二届全国人民代表大会常务委员会第六次会议审议通过《全国人大常委会关于调整完善生育政策的决议》，同意实施一方是独生子女的夫妇可生育两个孩子的政策。2015 年 10 月，党的十八届五中全会提出“促进人口均衡发展，坚持计划生育的基本国策，完善人口发展战略，全面实施一对夫妇可生育两个孩子政策，积极开展应对人口老龄化行动”。这是党中央顺应人民群众的迫切期待，推动经济社会持续健康发展做出的重大部署。

条文解读

为贯彻落实党中央决策，2015 年 12 月 27 日，第十二届全国人民代表大会常务委员第十八次会议审议通过了关于修改《中华人民共和国人口与计划生育法》的决定，将原法第18条中的“国家提倡一对夫妻生育一个子女”的规定，修改为“国家提倡一对夫妻生育两个子女”，并单独成款；删除了“国家鼓励晚婚晚育”的规定；同时保留了再生育子女的相关规定；增加一款，规定“夫妻双方户籍所在地的省、自治区、直辖市之间关于再生育子女的规定不一致的情况，按照有利于当事人的原则适用”。

本决定施行后，有关部门应当积极推进相关工作，改善公共服务，加强预期引导，加大对医院妇产科、儿科以及托幼和义务教育等方面的投入，完善相关的配套奖励措施，努力使符合规定的夫妻能够愿意生和方便生第二个子女。

需要注意的是，我们对独生子女政策进行调整，并不意味着不再需要坚持计划生育国策。到本世纪中叶，我国人口总量仍将保持在13亿以上，人口众多的基本国情不会根本改变，必须从全局和战略高度出发，充分认识坚持计划生育基本国策的重要性。

本法施行前，全国共有30个省、自治区、直辖市制定了有关计划生育的地方性法规。多数省、自治区、直辖市根据原法授权，结合当地实际情况，对一孩政策下生育第二个子女的情形进行了规定；还有少数省、自治区对生育第三个子女的情形进行了规定。本法施行后，计划生育仍是我国的基本国策，提倡一对夫妻生育两个子女，并不是对生育政策进行全面放开。生育两个子女后再生育子女的，应当符合有关法律、法规规定的条件。各地应当根据本法规定，结合当地实际情况，对地方性法规进行相应修改，对生育第三个以及更多子女的情形进行具体规定。

对于少数民族，各地一般实行宽于汉族的计划生育政策。本法施行前，约有 15 个省、自治区规定夫妻双方均为少数民族非农业人口的，可生育两个子女；多数地方规定农业人口夫妻一方或者双方是少数民族的，可生育两个子女；个别地方规定夫妻为少数民族的，有极特殊的情况或者是人口较少的少数民族的，可生育三个子女；西藏自治区对边境农牧区的农牧民没有限制性规定。此次修改没有对本款内容进行修改，省、自治区、直辖市人民代表大会或者其常务委员会，应当依据本法以及其他法律，结合当地少数民族情况以及其他具体情况对少数民族实行计划生育作出规定。

根据本法本条第 2 款的规定，省、自治区、直辖市人民代表大会或者其常务委员会对再生育子女的情况作出规定。由于各地具体情况不同，各地关于再生育子女的规定也可能出现不同，可能出现夫妻一方户籍所在地的省、自治区、直辖市将某一情形规定为可再生育子女的情形，另一方户籍所在地的省、自治区、直辖市未做规定的情况。

这一考虑并非多余，在实行“单独二孩”政策时，就曾出现夫妻双方户籍所在地的省、自治区、直辖市之间关于生育第二个子女规定不一致的情况。此次修改，进一步明确适用规则，如出现夫妻双方户籍所在地的省、自治区、直辖市之间关于再生育子女的规定不一致的情况，按照有利于当事人的原则适用。

相关规定

《中共中央、国务院关于加强人口与计划生育工作稳定低生育水平的决定》。

第十九条 实行计划生育，以避孕为主。

国家创造条件，保障公民知情选择安全、有效、适宜的避孕节育措施。实施避孕节育手术，应当保证受术者的安全。

条文主旨

本条是关于国家保障公民对避孕节育措施知情选择权和保障手术安全的规定。

立法背景

实行计划生育以避孕为主，是我国计划生育工作的基本方针。1980 年《中共中央关于控制我国人口增长问题致全体共产党员、共青团员的公开信》就提出：“节育措施要以避孕为主，方法由群众自愿选择。”1991 年《中共中央、国务院关于加强计划生育工作严格控制人口增长的决定》指出：“要继续贯彻以宣传教育为主、避孕为主、经常性工作为主的方针。”多年来，我国计划生育工作一直坚持“三为主”的工作方针，取得了可喜的成绩。《世界人口行动计划》提出，“各国政府应当采取适当措施协助妇女避免流产，流产绝不能作为一种计划生育方法来宣传”。《开罗行动纲领》指出，“绝不应当把堕胎作为计划生育的方法加以提倡”。因此，从国际社会和我国计划生育工作的要求看，自觉落实避孕措施，避免非意愿的妊娠，是夫妻双方共同的责任，对保障妇女的身心健康，推动国家计划生育工作的开展，具有十分重要的意义。

条文解读

公民有权根据自身情况，自主选择安全、有效、适宜的避孕节育措施，国家应当创造条件，保障公民享有在计划生育专业人员指导下，充分了解现行的各种避孕方法，自主选择避孕节育措施的权利。在计划生育工作初期，由于工作难度大，经验不足，管理不规范，一些地方强制规定已生育子女的夫妻必须选择长效避孕措施，侵犯了公民的知情选择权。随着人口与计划生育法的施行和计划生育工作的不断深入，国家采取多种措施，为公民知情选择避孕节育措施创造条件。根据《计划生育技术服务管理条例》的规定，公民享有避孕方法的知情选择权，国家保障公民获得适宜的计划生育技术服务的权利。从事计划生育技术服务活动的机构及其人员应当为公民提供下列计划生育技术指导、咨询服务：（1）生殖健康科普宣传、教育、咨询；（2）提供避孕药具及相关的指导、咨询、随访；（3）对已经施行避孕、节育手术和输卵（精）管复通手术的，提供相关的咨询、随访。实施全面二孩政策后，有关部门和机构将进一步加强计划生育技术指导、咨询服务，保障公民了解各种避孕节育措施，并根据自身情况选择安全、有效、适宜的措施。

本条第二款还规定："实施避孕节育手术，应当保证受术者的安全"，是对计划生育工作的义务性要求。实行计划生育，既要严格控制人口过快增长，又要保证广大人民群众身心健康。有关部门先后出台一系列规定，对实施避孕节育手术的人员、机构资质等进行规范，并加强监督管理，确保实施避孕节育手术的计划生育技术服务人员按照批准的服务范围、服务项目、手术术种从事计划生育技术服务，遵守与执业有关的法律、法规、规章、技术常规、职业道德规范和管理制度，保证受术者的安全。

相关规定

《计划生育技术服务管理条例》第3条、第7条；《中共中央、国务院关于加强计划生育工作严格控制人口增长的决定》。

第二十条 育龄夫妻自主选择计划生育避孕节育措施，预防和减少非意愿妊娠。

条文主旨

本条是关于育龄夫妻自主选择计划生育避孕节育措施，防止非意愿妊娠的规定。

条文解读

为控制人口数量，防止超计划生育的情况发生，原法规定育龄夫妻应当自觉落实计划生育避孕节育措施，接受计划生育技术服务指导。目前，我国人口形势发生重大转折性变化，人口总量增长的势头明显减弱，育龄妇女数量逐步减少，人们的生育观念也发生重大变化，国家计划生育政策进行相应调整，提倡一对夫妻生育两个子女。相应的，将本条关于采取避孕节育措施的规定作了修改，强调育龄夫妻自主选择计划生育避孕节育措施的权利。目前，避孕节育措施主要有口服避孕药、外用避孕膜、宫内节育器、输卵管阻断术、人工终止妊娠术等适合妇女使用的措施，以及避孕套、输精管结扎术等适合男子使用的措施。育龄夫妻可以根据自身情况进行自主选安全、有效、适宜的避孕节育措施。

预防和减少非意愿妊娠，是国际人口会议所倡导的一项原则。《世界人口行动计划》提出："各国应当采取适当措施协助妇女避免流产，流产绝不能作为一种计划生育方法来宣传，而且在任何情况下，应向已经流产的妇女提供人道的治疗和咨询服务。""防止非意愿的怀孕。"非意愿妊娠不但会影响计划生育工作的开展，而且人工终止妊娠还会对育龄夫妻特别是育龄妇女的身体、心理造成伤害。要做到预防和减少非意愿妊娠，育龄夫妻首先要做到生育有计划，在不准备生育时，应当采取适合自身特点的安全、有效的避孕措施。没有生育过子女的，可以采用药物或者避孕工具避孕；对于不再计划生育子女的育龄夫妻，可选择更为安全、方便长效避孕措施。总之，夫妻应当本着互相尊重，互敬互爱的原则，妥善采取措施，防止和减少非意愿妊娠。

第二十一条 实行计划生育的育龄夫妻免费享受国家规定的基本项目的计划生育技术服务。

前款规定所需经费，按照国家有关规定列入财政预算或者由社会保险予以保障。

条文主旨

本条是关于公民免费享受计划生育技术服务的规定。

条文解读

对计划生育的夫妻免费提供避孕、节育技术服务，是落实基本国策的需要，国家提倡公民实行计划生育，公民响应国家号召履行计划生育义务，为控制我国人口数量的过快增长、实现人口再生产类型的历史转变作出了贡献，国家应当采取一些有效的激励和保障措施，引导和鼓励广大群众自觉落实计划生育。因此本法明确规定了实行计划生育的育龄夫妻免费享受国家规定的基本项目的计划生育技术服务。所需经费，按照国家有关规定列入财政预算或者由社会保险予以保障。

一、实行计划生育的育龄夫妻免费享受国家规定的基本项目的计划生育技术服务

本条中享受免费服务的对象，是指依照本法和本省、自治区、直辖市地方性法规规定，自觉履行计划生育义务，落实避孕节育措施的育龄夫妻。基本项目包括：放、取宫内节育器，人工终止妊娠，输卵（精）管结扎术，妊娠与避孕检查，发放国家规定的非卖品避孕药具以及计划生育技术指导和咨询等。按照国务院《计划生育技术服务条例》的规定，计划生育技术指导和咨询的内容包括生殖健康科普宣传、教育、咨询，提供避孕药具及相关的指导、咨询、随访；对已经施行避孕、节育手术和输卵（精）管复通术的，提供相关的咨询、随访等。

我国全面推行计划生育以来，一直实行对履行计划生育的育龄夫妻免费提供避孕药具和技术服务的政策，由中央财政全部承担了免费发放的避孕药具经费，并向地方拨付计划生育手术补助经费，其余经费由地方财政分级负担。本法根据多年来的实际做法，坚持公民权利与义务相一致的原则，规定凡公民履行计划生育义务，则免费享受国家规定的基本项目的计划生育技术服务。

二、免费服务的经费保障

本条第 2 款规定，前款规定所需经费，按照国家有关规定列入财政预算或者由社会保险予以保障。从实际的情况看，有以下几种形式：

一是避孕药具是由国家财政负担的，国家财政每年按计划拨专款采购避孕药具，对实行计划生育的育龄夫妻免费发放。

二是对城市的育龄夫妻的技术服务费用通过生育保险、医疗保险等由社会保障资金解决。未参加上述保险的公民，由所在单位或者地方财政负担。对此各地都规定了一些具体办法。目前我国已建立社会保障制度，包括养老保险、医疗保险、失业保险、工伤保险和生育保险。社会保险法规定，所有职工都应当参加生育保险，由用人单位按照国家规定缴纳社会保险费，职工不缴纳生育保险费。用人单位已经缴纳生育保险费的，其职工享受生育保险待遇；职工未就业配偶按照国家规定享受生育医疗费用待遇。所需资金从生育保险基金中支付。生育保险待遇包括生育医疗费用和生育津贴，其中生育医疗费用包括生育的医疗费用、计划生育的医疗费用、法律法规规定的其他项目费用。生育津贴包括女职工生育享受产假、享受计划生育手术休假和法律规规定的其他情形。

三是对农村实行计划生育的夫妻免费提供服务资金问题，各级财政是设专款予以保障的，其开支标准和列支方式，由省级计划生育行政部门与财政、物价部门共同商定。向实行计划生育的育龄夫妻提供免费服务的工作重点在农村。计划生育是我国的基本国策，在经济欠发达地区，群众实行计划生育还有许多困难，政府采取免费为群众提供避孕药具和技术服务的办法，是推行计划生育工作的重要保证。早在 20 世纪 80 年代初就有规定，向农村实行计划生育的育龄夫妻免费提供避孕、节育技术服务。国家还明确规定对西部贫困地区免费提供避孕节育技术服务所需资金，由中央财政通过转移支付方式予以补助。

相关规定

《中华人民共和国社会保险法》第53条、第54条。

第二十二条 禁止歧视、虐待生育女婴的妇女和不育的妇女。

禁止歧视、虐待、遗弃女婴。

条文主旨

本条是关于保护妇女生育自由和女婴权益的规定。

立法背景

我国宪法、婚姻法、妇女权益保障法等都对保护妇女权益作出了规定。妇女权益保障法第38条规定，妇女的生命健康权不受侵犯，禁止溺、弃、残害女婴；禁止歧视、虐待生育女婴的妇女和不育的妇女……本法考虑到当前计划生育工作中一些地方出现的歧视、虐待生育女婴的妇女和不育妇女以及歧视、虐待、遗弃女婴的情况，重申了这一规定。

条文解读

所谓歧视妇女，是指违反男女平等原则，基于男女性别上的差异，而对妇女给予不公正对待的行为，表现为打骂、冷漠、施以压力等方式折磨妇女。所谓虐待妇女，是指在家庭生活中，对共同生活的妇女从肉体和精神上进行摧残迫害的行为，表现为经常性的打骂、体罚、冻饿、强迫从事过重劳动等。目前社会上“重男轻女”“不孝有三，无后为大”等观念还存在，在一些较为落后的地区，对于生育女婴的妇女和不育的妇女歧视和虐待的现象还有发生。这种歧视可能是来自家庭成员的，也可能是来自外界，往往给妇女造成很大的心理伤害。而虐待通常是来自家庭成员，可能是丈夫，也可能是家庭中的其他长辈。根据我国刑法第 260 条第 1、2 款规定，虐待家庭成员，情节恶劣的，处二年以下有期徒刑、拘役或者管制。犯前款罪，致使被害人重伤、死亡的，处二年以上七年以下有期徒刑。但第 3 款规定，第一款罪，告诉的才处理。在现实生活中，一些生育女婴的妇女和不育的妇女被歧视、被虐待往往忍气吞声，不敢站出来斗争，有些妇女认为生不了男孩或者不育都是自己的原因，殊不知生男生女，是否生育不完全取决于妇女。我国妇女权益保障法第 5 条第 1 款规定：“国家鼓励妇女自尊、自信、自立、自强，运用法律维护自身合法权益。”妇女一旦受到歧视和虐待，应当敢于站出来寻求法律保护。

本条还对禁止歧视、虐待、遗弃女婴作出了规定。一些人出于重男轻女、传宗接代等封建思想，对女婴歧视、虐待，甚至为了达到生儿子的目的，遗弃女婴。一方面，对于歧视、虐待、遗弃女婴构成犯罪的，应当依法追究刑事责任，对于尚不构成犯罪的行为，要批评教育；另一方面，计划生育部门要加强对女婴的保护，同时多关心照顾女婴和生育女婴的妇女，为她们排忧解难。一些地方对独女户、双女户规定了政策上的优惠措施，通过政策引导、法制宣传，歧视、虐待生育女婴的妇女和不育的妇女及歧视、虐待、遗弃女婴的现象会越来越少。

相关规定

《中华人民共和国妇女权益保障法》第5条、第38条；《中华人民共和国刑法》第260条。

第四章　奖励与社会保障

第二十三条　国家对实行计划生育的夫妻，按照规定给予奖励。

条文主旨

本条是关于国家对实行计划生育的夫妻予以奖励的原则性规定。

立法背景

一般说来，人类进入可以自主控制生育的时代以后，追求物质经济利益和社会认同乃是一个家庭决定生育子女数量的基本原因。为了推动形成稳定合理的人口结构、促进人口长期均衡发展，国家应该积极采取利益引导型政策，使家庭生育计划朝着社会期望的方向转变。

条文解读

计划生育奖励是计划生育利益引导机制的重要组成部

分，是指国家根据各地的经济发展状况和当地人民群众的实际需要，通过制定相关的社会经济政策，对实行计划生育的夫妻给予各种经济扶助、政策优惠和精神鼓励，使其自觉主动地实行计划生育的各项引导措施。多年来，计划生育的各项奖励措施逐步走向规范化、法定化，形成了一系列从中央到地方对实行计划生育的夫妻给予奖励的规定。所谓“按照规定”，指的正是国家法律、行政法规、有关部委规章、各地关于计划生育的地方性法规和政府规章等对有关计划生育奖励事项的规定。我国目前来源于各项“规定”的奖励措施主要有：

1. 农村养老保障的政策优惠。人口与计划生育法第 24 条第 3 款规定，有条件的地方可以根据政府引导、农民自愿的原则，在农村实行多种形式的养老保障办法，为探索走出“养儿防老”的传统农村养老模式留下了政策创新的空间。

2. 延长生育假的奖励或者其他福利待遇。人口与计划生育法第 25 条规定，符合法律、法规规定生育子女的夫妻，可以获得延长生育假的奖励或者其他福利待遇。这使得原来仅限于晚育情况下延长生育假的规定，普遍适用于符合法律、法规规定生育子女的夫妻。

3. 女职工的生育待遇和公民实行计划生育手术可享受的奖励措施。人口与计划生育法第 26 条规定，妇女怀孕、生育和哺乳期间，按照国家有关规定享受特殊劳动保护并可以获得帮助和补偿。公民实行计划生育手术，享受国家规定的休假；地方人民政府可以给予奖励。有的省份还在地方性法规中规定，职工凭节育手术证明，按规定休假，休假期间享受其在职在岗的工资、奖金、福利待遇。农民施行绝育手术的，当地人民政府应当给予适当奖励。节育手术并发症患者在治疗期间，职工享受其在职在岗的工资、奖金、福利待遇；农民、无用工单位的城市居民因此导致生活困难的，或者治疗后仍不能正常从事劳动的，由当地人民政府给予补助。

4. 在国家提倡一对夫妻生育一个子女期间，自愿终身只生育一个子女的夫妻所应享受的奖励或其他福利待遇，根据人口与计划生育法第 27 条的规定，按照“老人老办法”的原则应当继续享受。各地制定的地方性法规或政府规章中涉及独生子女奖励、计划生育特殊家庭扶助政策的，原则上对“老人”继续有效。对于独生子女奖励，各地规定多种多样。有的省份规定，只有一个子女自愿不再生育的，经本人申请所在单位或者村（居）民委员会核实，由乡（镇）人民政府或者街道办事处发给《独生子女父母光荣证》，凭证享受以下奖励：（1）从申请当月起至子女年满 14 周岁止，每月领取不少于 10 元的奖励费。奖励费由夫妻双方所在单位各发 50%。机关、事业组织工作人员的奖励费由所在单位从行政事业费中列支；企业职工的奖励费由所在单位从企业公益金中列支；城镇失业人员和农民的奖励费由所在街道办事处或者乡（镇）人民政府负责兑现，确有困难的，由县（市、区）财政予以适当补助。（2）独生子女父母为机关、事业组织职工的，退休后加发本人标准工资百分之五的退休金（退休金为百分之百的不加发），其经费从原渠道列支。独生子女父母为企业职工的，退休时由所在单位按照设区的市上一年度职工年平均工资的30%发给一次性养老补助。对独生子女死亡后未再生育并且未收养子女的夫妻，原独生子女父母奖励待遇不变；享受最低生活保障的，给予高出最低生活保障线1/3的照顾。有的省份还规定，在调整承包地、自留地、自留山，分配集体收益时，以家庭人口数量作为基本分配补助单位的，增加一人份额；以家庭作为基本分配补助单位的，户均增加30%以上份额；分配土地补偿费、安置补助费和安排保障性住房、农村危旧房改造时，予以照顾。有关部门和单位根据实际情况，对独生子女入托、入园、就学、就医、就业以及就业培训等方面给予优待。

5. 对农村实行计划生育的家庭发展经济，给予资金、技术、培训等方面的支持、优惠政策；对实行计划生育的贫困家庭，在扶贫贷款、以工代赈、扶贫项目和社会救济等方面给予优先照顾。在人口与计划生育法第28条规定的指引下，各省的地方性法规中往往都有这方面的规定，例如有的省份规定，农村领取《独生子女父母光荣证》的家庭，还享受下列优待：（1）列为家庭经济发展的重点扶持对象，在资金、技术、培训、信息、劳务输出等方面予以支持、优惠；（2）组织劳务输出时优先照顾；（3）对贫困家庭，在扶贫贷款、以工代赈、扶贫项目和社会救济等方面给予优先照顾；（4）在推行新型农村合作医疗制度、农村住院分娩制度时，政府给予补贴；（5）当地人民政府规定的其他优待。农村生育两个女孩并已落实绝育措施的计划生育家庭，可以享受前款规定的优待。

6. 生育技术服务方面的优惠待遇。例如，有的省份在地方性法规中规定，实行计划生育的育龄夫妻免费享受下列基本项目的计划生育技术服务：（1）发放避孕药具和孕情环情监测；（2）放置、取出宫内节育器及其技术常规规定的各项医学检查；（3）输卵（精）管结扎术及其技术常规规定的各项医学检查；（4）人工终止妊娠术及其技术常规规定的各项医学检查；（5）计划生育手术并发症的诊断和治疗。前款所需经费，农村居民由各级财政核拨的计划生育事业费按比例分担；城镇居民按规定在基本医疗保险统筹基金或者生育保险基金中支付，未参加社会保险或者不属于社会保险基金支付项目的，由所在单位支付或者在计划生育事业费中支付。

需要注意的是，涉及奖励的一系列规定，要围绕着“全面实施二孩政策”和新人口与计划生育法的精神，及时对有关奖励的稳定性、衔接性问题进行重新审视。

相关规定

《中华人民共和国人口与计划生育法》第24条、第25条、第26条、第27条、第28条。

第二十四条 国家建立、健全基本养老保险、基本医疗保险、生育保险和社会福利等社会保障制度，促进计划生育。

国家鼓励保险公司举办有利于计划生育的保险项目。

有条件的地方可以根据政府引导、农民自愿的原则，在农村实行多种形式的养老保障办法。

条文主旨

本条是对与计划生育工作密切相关的社会保障制度建设的规定。

立法背景

近些年来，社会保障制度立法日趋完善，社会保险法已于2011年7月1日起施行，坚持广覆盖、保基本、多层次、可持续的方针，建立了基本养老保险、基本医疗保险、工伤保险、失业保险、生育保险等社会保险制度，保障公民在年老、疾病、工伤、失业、生育等情况下依法从国家和社会获得物质帮助的权利。作为行政法规的《社会救助暂行办法》自2014年5月1日起施行，坚持托底线、救急难、可持续，与其他社会保障制度相衔接的原则，对最低生活保障、特困人员供养、受灾人员救助、医疗救助、教育救助、住房救助、就业救助、临时救助等作出了有可操作性的具体规定。此外，慈善法正处在常委会审议过程中，对于推动社会福利制度建设具有里程碑式的意义。

条文解读

本条第1款对国家建立、健全社会保障制度，以促进计划生育工作作出了规定。

社会保障制度，是指以国家或者政府为主体，依据法律规定，通过国民收入分配和再分配，保障全社会成员基本生存与生活需求，特别是保障公民在年老、疾病、伤残、失业、生育、死亡、遭遇灾害、面临生活困难时的特殊需要的综合性社会制度，一般包括社会保险、社会救济和社会福利等方面的内容。社会保障体系的建设为公民实行计划生育提供了可靠的物质基础和保障，可以有效降低民众对多生育子女以保障其年老后基本生活的期望，从根本上影响和转变民众的生育观念，从而达到控制人口数量和提高人口素质，实现我国人口与社会、经济、资源、环境协调发展的目的。目前，我国城镇计划生育政策落实得较好，其中一个重要的原因是城镇职工能够得到比较完善的社会保障，而农村计划生育工作难度较大，主要因为农村的社会保障标准过低。因此，目前要重点强调提高社会保障的水平，减少群众在养老、医疗等方面的后顾之忧。

本条第 2 款是有关国家鼓励保险公司举办有利于计划生育的保险项目的规定。

近年来，各地人口计生部门和保险业把握人口和计划生育工作发展要求，积极探索创新保险业参与社会管理的途径和方式，运用保险和市场机制，帮助解决计划生育家庭意外伤害、健康等风险保障问题，提高其抵抗风险的能力及保障福利的水平，引导群众自觉实行计划生育。实践表明，开展计划生育保险有利于帮助解决计划生育家庭的后顾之忧，稳定低生育水平，提高人口素质和健康水平；有利于发挥保险业的社会管理功能，普及保险知识，增强群众保险意识；有利于转变政府职能，创新公共产品和服务供给机制，促进公共政策和公共服务的落实。2007 年 6 月 4 日，原国家人口和计划生育委员会、中国保险监督管理委员会印发《计划生育保险试点方案》，曾就两个主要内容进行试点，取得良好成效：一是农村计划生育手术保险试点。通过建立手术保险制度，保证计划生育手术并发症患者能够得到基本的治疗服务和必要的扶助。计划生育手术保险由县或县以上人口计生部门在群众施行计划生育手术前统一向保险公司投保，并缴纳保险费。二是独生子女保险试点。总结各地开展独生子女安康保险、独生子女两全保险的经验，开展独生子女保险试点，保障独生子女死亡、残疾及重大疾病等风险。独生子女保险由乡（包括镇、街道办事处）以上人口计生部门或办事机构统一组织向保险公司投保，也可动员群众自愿运用独生子女父母奖励费参加独生子女保险。

本条第 3 款对在农村实施多种形式的养老保障作了规定。

目前，根据我国社会保险法第 21 条、第 22 条的规定，新型农村社会养老保险待遇由基础养老金和个人账户养老金组成。参加新型农村社会养老保险的农村居民，符合国家规定条件的，按月领取新型农村社会养老保险待遇。省、自治区、直辖市人民政府根据实际情况，可以将城镇居民社会养老保险和新型农村社会养老保险合并实施。农村养老保障水平比较低，立法鼓励有条件的地方根据政府引导、农民自愿的原则，在农村实行多种形式的养老保障办法。

相关规定

《中华人民共和国社会保险法》第21条、第22条；《社会救助暂行办法》。

第二十五条 符合法律、法规规定生育子女的夫妻，可以获得延长生育假的奖励或者其他福利待遇。

条文主旨

本条是关于符合法律、法规规定生育子女的夫妻享受奖励、福利待遇的规定。

立法背景

本条修改取消了有关晚婚晚育假奖励的规定，将享受奖励或者其他福利待遇的条件由“晚婚晚育”修改为“符合法律、法规规定生育子女”。这一修改主要有以下几方面的考虑：一是我国女性平均生育年龄不断上升。在计划生育工作开展初期，女性生育年龄普遍较低，为降低生育率，提倡计划生育，避开生育高峰，原法规定对晚婚晚育予以奖励。随着经济社会的发展以及婚育观念的转变，我国婚育情况发生较大变化，平均婚育年龄逐年推迟。第六次人口普查数据显示，2010 年我国女性平均生育年龄为 28.18 岁，与 2000 年第五次人口普查数据相比增加了近两岁。根据有关调查，近几年来，由于工作和生活压力大，我国女性特别是城市女性的平均生育年龄还在不断上升，高龄生育现象逐渐增多，无需再对晚育行为进行专门鼓励。二是过度晚育可能影响生育能力和母婴健康。一般认为，女性的最佳生育年龄为 25 到 30 岁。高龄夫妻不仅生育能力下降，不孕不育概率增加，而且高龄生育还可能损害女性身体健康，增加胎儿出现畸形和流产风险。据有关数据，35 岁以上生育的产妇高危妊娠显著增多，胎儿唐氏综合症、神经管畸形、胎儿结构畸形发生率均出现不同程度的升高。三是新法施行后，国家提倡一对夫妻生育两个子女，夫妻双方可根据自身情况合理安排生育时间和生育间隔。综上考虑，在人口与计划生育法中不再专门规定对晚婚晚育的奖励，鼓励大家按照政策生育。

在本法修改过程中，国务院提请审议的修正案草案中规定："符合本法第十八条规定生育子女的夫妻，可以获得延长生育假的奖励或者其他福利待遇。"在常委会审议过程中，有意见提出，修正案草案"符合本法第十八条规定"的表述不清楚，容易误解为只有生育第二个子女才能享受延长生育假奖励或者其他福利待遇。立法机关对这一意见进行了认真研究，修改为"符合法律、法规规定"生育子女的夫妻可以获得延长生育假的奖励或者其他福利待遇。根据这一规定，新法施行以后，符合法律、法规规定生育第一个、第二个及以上子女的夫妻，以及符合夫妻双方户籍的所在地省、自治区、直辖市规定再生育子女的夫妻，都可以根据当地具体规定获得延长生育假的奖励或者其他福利待遇。

条文解读

关于延长生育假的奖励以及其他福利待遇。劳动法规定，女职工享受不少于90天的产假。《女职工劳动保护特别规定》中规定，女职工生育享受98天产假，其中产前可以休假15天；难产的，应增加产假15天；生育多胞胎的，每多生育一个婴儿，可增加产假15天。在本法此次修改前，各地根据原法第25条的规定，对晚婚的公民在法定产假的基础上给予适当延长生育假的奖励。关于生育假的延长时间，各地规定不一致，从十多天到数月不等。此次修改后，各地将根据本条规定对相关条例进行修改，对符合法律、法规生育子女的夫妻的奖励以及其他福利待遇问题作出具体规定。

相关规定

《女职工劳动保护特别规定》第7条。

第二十六条 妇女怀孕、生育和哺乳期间，按照国家有关规定享受特殊劳动保护并可以获得帮助和补偿。

公民实行计划生育手术，享受国家规定的休假；地方人民政府可以给予奖励。

条文主旨

本条是关于生育和实行计划生育手术相关待遇的规定。

条文解读

一、关于女职工在怀孕、生育和哺乳期间享受的特殊劳动保护等相关待遇

怀孕、生育或者哺乳期间的女职工，如果在劳动时受到伤害，不仅会损害母亲的健康，而且会直接影响胎儿或者婴儿的健康。因此，对女职工进行特殊劳动保护，是保护母婴健康、提高人口素质的需要。

这里的“国家有关规定”包括妇女权益保障法、劳动法、劳动合同法和国务院2012年公布的《女职工劳动保护特别规定》等法律、行政法规中有关对女性在怀孕、生育和哺乳期间的特殊劳动保护的规定。这些规定主要有：（1）妇女权益保障法规定，妇女在经期、孕期、产期和哺乳期受特殊劳动保护；任何单位不得以结婚、怀孕、产

假、哺乳等为由，辞退女职工或者单方面解除劳动合同。（2）劳动法规定，国家对女职工实行特殊劳动保护；不得安排女职工在孕期、哺乳未满一周岁的婴儿期间从事国家规定的第三级体力劳动强度的劳动和孕期、哺乳期间禁忌的劳动；对怀孕7个月以上的女职工和正处于哺乳期的女职工，不得安排其延长工作时间，一般不安排从事夜班劳动；女职工享受不少于90天的产假。劳动者生育，依法享受社会保险待遇。（3）劳动合同法规定，女职工在孕期、产期、哺乳期，用人单位不得依照本法第40条、第41条的规定解除劳动合同。（4）《女职工劳动保护特别规定》规定，用人单位不得因女职工怀孕、生育、哺乳降低其工资、予以辞退、与其解除劳动或者聘用合同。女职工在孕期不能适应原劳动的，用人单位应当根据医疗机构的证明，予以减轻劳动量或者安排其他能够适应的劳动。对怀孕7个月以上的女职工，用人单位不得延长劳动时间或者安排夜班劳动，并应当在劳动时间内安排一定的休息时间。怀孕女职工在劳动时间内进行产前检查，所需时间计入劳动时间。女职工生育享受98天产假，其中产前可以休假15天；难产的，增加产假15天；生育多胞胎的，每多生育1个婴儿，增加产假15天。女职工怀孕未满4个月流产的，享受15天产假；怀孕满4个月流产的，享受42天产假。女职工产假期间的生育津贴，对已经参加生育保险的，按照用人单位上年度职工月平均工资的标准由生育保险基金支付；对未参加生育保险的，按照女职工产假前工资的标准由用人单位支付。女职工生育或者流产的医疗费用，按照生育保险规定的项目和标准，对已经参加生育保险的，由生育保险基金支付；对未参加生育保险的，由用人单位支付。对哺乳未满1周岁婴儿的女职工，用人单位不得延长劳动时间或者安排夜班劳动。用人单位应当在每天的劳动时间内为哺乳期女职工安排1小时哺乳时间；女职工生育多胞胎的，每多哺乳1个婴儿每天增加1小时哺乳时间。《女职工劳动保护特别规定》还对女职工禁忌从事的劳动范围包括女职工在孕期禁忌从事的劳动范围、女职工在哺乳期禁忌从事的劳动范围作了规定。

二、关于公民实行计划生育手术享受的待遇

计划生育手术主要是指公民为实行计划生育而采取的避孕、节育等措施。公民在进行这些手术时，身体不可避免地会受到不同程度的伤害，有的还可能引起手术并发症。因此，本法规定公民实行计划生育手术，按照规定享受休假和奖励。例如，一些地方规定施行计划生育手术的职工，享受下列休假待遇：（1）放置宫内节育器的，休假3日，7日内不安排重体力劳动，产假期间放置的，产假顺延；（2）放置皮下埋植避孕剂的，休假5日，产假期间放置的，产假顺延；（3）取出宫内节育器的，休假2日，取出皮下埋植避孕剂的，休假5日；（4）施行输卵管结扎术的，休假21日，产假期间结扎的，产假顺延；（5）施行输精管结扎术的，休假10日；（6）施行人工流产术的，休假14日，施行中期妊娠引产术的，休假30日；（7）经批准施行输卵管复通术的，休假21日，施行输精管复通术的，休假15日。休假期间工资照发，福利待遇不变。

相关规定

《中华人民共和国妇女权益保障法》第25条、第50条；《中华人民共和国劳动法》第七章；《中华人民共和国劳动合同法》第42条；《女职工劳动保护特别规定》第5～10条。

第二十七条 在国家提倡一对夫妻生育一个子女期间，自愿终身只生育一个子女的夫妻，国家发给《独生子女父母光荣证》。

获得《独生子女父母光荣证》的夫妻，按照国家和省、自治区、直辖市有关规定享受独生子女父母奖励。

法律、法规或者规章规定给予获得《独生子女父母光荣证》的夫妻奖励的措施中由其所在单位落实的，有关单位应当执行。

获得《独生子女父母光荣证》的夫妻，独生子女发生意外伤残、死亡的，按照规定获得扶助。

在国家提倡一对夫妻生育一个子女期间，按照规定应当享受计划生育家庭老年人奖励扶助的，继续享受相关奖励扶助。

条文主旨

本条是关于新法施行前的独生子女家庭等计划生育家庭继续享受相关奖励、扶助制度的规定。

立法背景

在国家提倡一对夫妻生育一个子女期间，广大人民群众积极响应党和政府号召，为控制人口过快增长、促进经济社会健康发展作出了积极贡献。原法规定对实行计划生育的独生子女父母给予奖励，对失独家庭予以扶助。目前，国家根据我国人口形势和经济社会发展变化，对人口政策作出调整，提倡一对夫妻生育两个子女，但对本法修改决定施行前的独生子女家庭和计划生育家庭，仍按照“老人老办法”原则继续给予奖励、扶助以及其他福利待遇。

在本法修改过程中，国务院提请审议的修正案草案删去了原法第 27 条的规定，将这一问题作为法律修改后的衔接制度在修正案草案第8条中进行了规定。在常委会审议过程中，有意见提出，这一修改方式容易引起取消有关独生子女和计划生育家庭奖励扶助制度的误解。立法机关经过认真研究，作出调整，按照“老人老办法”原则，在原法第27条的基础上对有关表述进行相应修改。

条文解读

一、关于《独生子女父母光荣证》

根据原法以及相关规定，自愿终身只生育一个子女的夫妻，经夫妻双方提出申请，经夫妻双方所在单位或者村民委员会和居民委员会核实，并经乡（镇）人民政府或者街道办事处批准后，发给《独生子女父母光荣证》。《独生子女父母光荣证》既是证明独生子女父母身份，按规定享受有关独生子女待遇的凭证，又是国家对独生子女父母的一项精神奖励。新法施行后，国家提倡一对夫妻生育两个子女，育龄夫妻自愿选择只生育一个子女的，国家不再给予奖励。新法施行前已经领取的《独生子女父母光荣证》继续有效，按照规定继续获得有关奖励；领取《独生子女父母光荣证》后，生育第二个子女或者有其他规定情形的，有关部门应当收回《独生子女父母光荣证》，停止有关待遇。新法施行后，即2016年1月1日后生育第一个子女的夫妻，无论是否自愿终身生育只生育一个子女，国家都不再发给《独生子女父母光荣证》。

二、关于独生子女父母奖励

已经按照规定获得《独生子女父母光荣证》的夫妻，按照国家和省、自治区、直辖市有关规定继续享受独生子女父母奖励。具体独生子女父母奖励措施，由各地按照本法第 29 条的规定，结合当地实际情况进行规定，主要包括独生子女父母奖励费，独生子女入托、入园、入学、就业、就医或健康检查方面给予优待、独生子女父母年老时的奖励等。

三、关于单位落实独生子女奖励问题

本条延续了此前的规定，法律、法规或者规章规定给予获得《独生子女父母光荣证》的夫妻奖励的措施中由其所在单位落实的，有关单位应当执行。本款规定的奖励措施主要由各地根据情况作出具体规定，如各地普遍规定，由夫妻双方所在单位各负担 50% 独生子女父母奖励费；有些地方还规定，夫妻一方是机关、企事业单位职工，另一方是城镇无业居民或者农业人口的，全部由前者所在单位支付。

四、关于失独家庭扶助

目前，全国约有 1.5 亿个独生子女家庭，部分独生子女家庭由于疾病、意外事故等原因导致子女伤残、死亡，在生活照料、养老照料、医疗救助、精神慰藉等方面遇到一些特殊困难。关于这一问题，原法规定独生子女发生意外伤残、死亡，其父母不再生育和收养子女的，地方人民政府应当给予必要的帮助。2008 年，国家全面实施计划生育家庭特别扶助制度，为女方年满 49 周岁的独生子女伤残、死亡家庭父母发放特别扶助金，并于 2011 年底下发通知，按照科学性、适应性、均衡性、导向性原则，建立扶助标准动态调整机制。2013 年年底，国家卫生计生委联合民政部、财政部、人力资源社会保障部、住房城乡建设部印发了《关于进一步做好计划生育特殊困难家庭扶助工作的通知》，加大对独生子女伤残、死亡家庭的经济扶助力度，根据经济社会发展水平，逐步提高经济扶助标准。自 2014 年起，将女方年满 49 周岁的独生子女伤残、死亡家庭夫妻的特别扶助金标准分别提高到：城镇每人每月 270 元、340 元，农村每人每月 150 元、170 元。除给予特别扶助金外，还要做好失独家庭的养老保障工作，提高医疗保障水平，广泛开展社会关怀活动，一些地方还规定对独生子女伤残、死亡的家庭给予一次性抚慰金。

此次修改，根据“老人老办法”原则对独生子女伤残、死亡的夫妻给予扶助，即对 2016 年 1 月 1 日前独生子女伤残、死亡的家庭，以及 2016 年 1 月 1 日前生育一个子女，2016 年 1 月 1 日后独生子女死亡或者伤残，且没有再生育或者收养子女的，按照规定给予扶助。新法施行后，国家不再提倡一对夫妻生育一个子女，2016 年 1 月 1 日后生育第一个子女的夫妻，子女出现伤残、死亡的，不享受此项扶助。

五、关于计划生育家庭老年人奖励扶助

2004 年，我国开始对农村实施计划生育家庭的老年人给予奖励扶助，主要是指按照规定对农村独生子女家庭以及农村双女家庭老年人每月给予一定的奖励扶助金。从 2012 年开始奖励扶助标准不低于每人每月 80 元，并按照农村居民家庭年人均生活消费支出累计增长幅度进行动态调整。部分省市还规定给予计划生育家庭老年人一次性奖励扶助金。2012 年 12 月，老年人权益保障法修订时，增加规定“国家建立和完善计划生育家庭老年人扶助制度”。为与上述规定相衔接，本次此次修改增加规定，新法施行前，按照规定应当享受计划生育家庭老年人奖励扶助的，继续享受奖励扶助。2016 年 1 月 1 日之后生育第一个子女的家庭，不再享受奖励扶助。

相关规定

《中华人民共和国人口与计划生育法》第 29 条；《中华人民共和国老年人权益保障法》第 33 条；《关于进一步做好计划生育特殊困难家庭扶助工作的通知》。

第二十八条 地方各级人民政府对农村实行计划生育的家庭发展经济，给予资金、技术、培训等方面的支持、优惠；对实行计划生育的贫困家庭，在扶贫贷款、以工代赈、扶贫项目和社会救济等方面给予优先照顾。

条文主旨

本条是对农村实施计划生育的家庭在发展经济和扶贫等方面给予优先照顾措施的规定。

立法背景

我国广大农村地区，特别是革命老区、少数民族地区、边疆地区、贫困地区农村的生产力发展水平较低，农业基本上都是靠天和土地吃饭，一些家庭有人出门打工，也多从事劳动密集型产业。多生育子女不仅能够增加农民家庭的劳动力，而且也给予群众更多的生产、生活、养老保障。缺少劳动力则意味着农村家庭的生存与发展失去了支柱；子女少，则可能加重农村家庭的养老负担，也可能给农民家庭的生产和生活带来困难，因此，农村向来是我国计划生育工作的重点和难点。对于广大农民群众来说，如果这些问题不能解决，即使在实施全面二孩政策后，也难以调动其实行计划生育的积极性和自觉性，多生、超生子女的问题仍然可能出现。因此各级人民政府有责任帮助农村群众解决其在实行计划生育后所出现的各种困难和问题。

条文解读

在这种情况下，地方先后把利益导向机制引入计划生育工作，运用奖励、优惠、优先、扶持等经济手段，在政策、项目、资金、技术等方面向农村实行计划生育的家庭倾斜，着力解决广大农民群众在生产、生活、生育方面的困难，帮助他们尽快脱贫致富，提高生产、生活水平，引导他们自觉地实行计划生育。人口与计划生育法实施之前，各地就已经广泛开展的计划生育“三结合”工作，即农村计划生育工作与发展经济相结合、与帮助农民勤劳致富奔小康相结合、与建设文明幸福家庭相结合，即是做好农村计划生育工作的主要导向措施。这一工作已经被中央所肯定。

目前，各地对农村实行计划生育的家庭发展经济，给予资金、技术、培训等方面的支持、优惠主要有：由农业、林业、水利、科技、供销等部门对实行计划生育的家庭优先进行新型或者实用技术培训、优先发放农业贷款、优先提供致富信息和优良品种、优先扶持发展种植业、养殖业和“两高一优”农业、优先提供优秀生产资料、优先收购农副产品等。

对于当前已经实行计划生育的贫困家庭，还要在扶贫贷款、以工代赈、扶贫项目和社会救济等方面给予优先照顾。扶贫是国家从人力、物力、财力和技术上帮助和支持贫困地区，充分调动和发挥其内部活力，尽快发展社会生产力，发展促进经济、改变贫穷落后面貌的措施。计划生育工作是调节人的生育行为，使人口发展与经济、社会发展相适应的措施。实行计划生育，促进人口均衡发展，提高人口素质与经济扶贫具有十分密切的关系。扶持老、少、边、穷地区尽快脱贫致富，是我国政府的一项重要战略措施，但是贫困与人口过快增长有着一定的联系，所以，扶贫必须与计划生育密切配合，使二者互相制约和互相促进。二者结合起来，能使贫困地区尽快地从根本上摆脱穷困。二者结合的办法是：国家对计划生育搞得好的贫困县，在扶贫贷款发放、扶贫项目安排、农用物质供应、致富技术培训、劳动力就业、产品销售安排等方面予以照顾。

根据各地的规定，对于农村自觉实行计划生育的贫困家庭在享受基本的优先优惠待遇外，在扶贫措施等方面予以优先照顾，主要表现为：优先发放扶贫贷款；在劳务输出或者招工时，优先其家庭劳动力；政府投资建设基础设施工程，优先安排其参加工程建设获得劳务报酬（以工代赈）；优先获得扶贫项目和产、供、销等方面的服务；优先发放社会救济金和困难补助；在土地承包和宅基地分配时予以优先照顾；在县、乡、村集体举办的社会保障事业中，优先得到安排等。

第二十九条 本章规定的奖励措施，省、自治区、直辖市和较大的市的人民代表大会及其常务委员会或者人民政府可以依据本法和有关法律、行政法规的规定，结合当地实际情况，制定具体实施办法。

条文主旨

本条是有关国家对地方性法规和地方政府规章在计划生育奖励措施立法方面特殊法律授权的规定。

条文解读

本条规定是在总结40多年来各地计划生育工作经验和充分考虑我国基本国情的基础上作出的，体现了我国计划生育工作所实行的区别对待、分类指导原则。我国地域辽阔，各地的自然资源差异很大，公民的观念与意识的差异也很大，因此，各个省、自治区、直辖市之间，或是同一省级行政区划内的各个地方之间的经济、社会、文化发展的水平都很不平衡。这种不平衡在经济发达的沿海地区与经济落后的内陆地区之间，或是在城市和农村之间也极为突出。这是我国的基本国情，正是基于这样的基本国情，我国各地计划生育工作的差异也很大，并不是“一刀切”地都要达到一个固定的模式。而是根据各个地区的实际、区别不同情况，实行相应不同的指导原则。

在这一基础上，自大力推行计划生育政策以来，各地根据中央关于对计划生育给予奖励优待的精神，结合本地区的实际情况，制定了本地区的计划生育奖励优惠政策。这些奖励优惠政策，有的规定在省、自治区、直辖市的地方性法规和政府规章或者其他统一规定中，有的规定在一些较大市的地方性法规和政府规章中，也有的是由较大的市之外的其他市一级政府或者县一级政府规定，还有的是由村民委员会、居民委员会或者各个企业、事业单位根据自身的实际情况自行制定的。因此，各地在实施计划生育奖励优惠措施的力度上的差异还是很大的。例如，对独生子女家庭每月发放一定数额的独生子女保健费或者独生子女父母奖励，有些地方规定为不低于 5 元，而海南省则规定为不低于 30 元。

为保持各地计划生育工作的连续性和稳定性，本法对于计划生育奖励措施作了授权性规定。根据我国宪法、立法法和地方各级人民代表大会和地方人民政府组织法等法律和本法的规定，省、自治区、直辖市人民代表大会及其常务委员会根据本行政区域具体情况和计划生育工作的实际需要，在不同宪法、法律、行政法规相抵触的前提下，可以制定规定计划生育奖励措施的具体实施办法；设区的市、自治州的人民代表大会及其常务委员会，根据本行政区域具体情况和计划生育工作的实际需要，在不同宪法、法律、行政法规和本省、自治区的相关地方性法规相抵触的前提下，可以制定本地的计划生育奖励措施的具体实施办法，报省、自治区人大常委会批准后施行。设区的市、自治州的人民政府可以根据宪法、法律、行政法规和本省、自治区的地方性法规，制定规章，对本市计划生育奖励措施的具体实施办法作出规定。有些地方性法规和政府规章还规定计划生育奖励措施的一些标准由县一级人民政府制定实施。

本条中的奖励措施包括本法第四章中各条规定的对实行计划生育的公民或者家庭的社会保障措施、对晚婚晚育者的奖励优待、对实行计划生育手术的奖励、对独生子女及其父母的奖励、优待和帮助以及对农村实施计划生育的家庭给予优先优惠待遇等措施。省、自治区、直辖市和设区的市、自治州的人民代表大会及其常务委员会或者人民政府可以根据宪法、立法法、地方各级人民代表大会和地方人民政府组织法、婚姻法等法律和本法的规定，对奖励措施的种类、具体内容、奖励对象、奖励的执行主体、奖励经费的支付方式等作出具体规定。这里需要指出的是，有的奖励措施的执行主体是各级人民政府，即从各级政府财政中开支，有的奖励措施的执行主体则是实行计划生育的公民所在的机关、企事业单位、社会团体或者村民委员会、居民委员会，即从其自身经费中开支。

第五章　计划生育技术服务

第三十条　国家建立婚前保健、孕产期保健制度，防止或者减少出生缺陷，提高出生婴儿健康水平。

条文主旨

本条是关于国家建立婚前保健、孕产期保健制度的规定。

立法背景

实行计划生育，不仅要控制人口数量，更要提高人口素质。提高人口素质，首先要提高出生婴儿健康水平，通过婚前保健、孕产期保健等生殖保健服务，让育龄妇女能够安全地妊娠、分娩和生育健康婴儿，防止或者减少出生婴儿出生缺陷的发生。出生缺陷不仅给残疾儿童本人带来终生痛苦，也给其家庭和社会带来负担。建立婚前保健、孕产期保健制度，是防止或者减少出生缺陷，提高出生婴儿健康水平的重要措施。我国母婴保健法对婚前保健和孕产期保健作了较为详细的规定。

条文解读

一、关于婚前保健

婚前保健是对即将结婚的男女进行卫生保健服务。建立婚前保健制度是减少出生缺陷，提高出生婴儿健康水平的第一道防线。主要内容包括：（1）婚前卫生指导，即关于性卫生知识、生育知识和遗传病知识的教育。（2）婚前卫生咨询，即对有关婚配、生育保健等问题提供医学意见。（3）婚前医学检查，即对准备结婚的男女双方可能患影响结婚和生育的疾病进行医学检查。根据母婴保健法的规定，婚前医学检查包括对严重遗传性疾病、指定传染病、有关精神病的检查。经婚前医学检查，对患指定传染病在传染期内或者有关精神病在发病期内的，医师应当提出医学意见；准备结婚的男女双方应当暂缓结婚。经婚前医学检查，对诊断患医学上认为不宜生育的严重遗传性疾病的，医师应当向男女双方说明情况，提出医学意见；经男女双方同意，采取长效避孕措施或者施行结扎手术后不生育的，可以结婚。但《中华人民共和国婚姻法》规定禁止结婚的除外。

二、关于孕产期保健

孕产期保健是为育龄妇女和孕产妇提供的孕期、产期保健服务。孕产期保健是减少出生缺陷，提高出生婴儿健康水平的第二道防线。主要内容包括：（1）母婴保健指导，即对孕育健康后代以及严重遗传性疾病和碘缺乏病等地方病的发病原因、治疗和预防方法提供医学意见。对患严重疾病或者接触致畸物质，妊娠可能危及孕妇生命安全或者可能严重影响孕妇健康和胎儿正常发育的，医疗保健机构应当予以医学指导。医师发现或者怀疑患严重遗传性疾病的育龄夫妻，应当提出医学意见。育龄夫妻应当根据医师的医学意见采取相应的措施。（2）孕妇、产妇保健，即为孕妇、产妇提供卫生、营养、心理等方面的咨询和指导以及产前定期检查等医疗保健服务。经产前检查，医师发现或者怀疑胎儿异常的，应当对孕妇进行产前诊断。生育过严重缺陷患儿的妇女再次妊娠前，夫妻双方应当到县级以上医疗保健机构接受医学检查。（3）胎儿保健，即为胎儿生长发育进行监护，提供咨询和医学指导。经产前诊断，胎儿患严重遗传性疾病、胎儿有严重缺陷或者因患严重疾病，继续妊娠可能危及孕妇生命安全或者严重危害孕妇健康的，医师应当向夫妻双方说明情况，并提出终止妊娠的医学意见。（4）新生儿保健，即为新生儿生长发育、哺乳和护理提供医疗保健服务。医疗机构对婴儿进行体格检查和预防接种，开展新生儿疾病筛查、婴儿多发病常见病防治等医疗保健服务。

相关规定

《中华人民共和国母婴保健法》第7～10条、第14～18条；《中华人民共和国婚姻法》第7条。

第三十一条 各级人民政府应当采取措施，保障公民享有计划生育技术服务，提高公民的生殖健康水平。

条文主旨

本条是关于政府提供计划生育技术服务义务的规定。

立法背景

全面实施二孩政策后，实行计划生育的基本国策没有变，公民仍然有计划生育的义务，生育三个及以上孩子，仍然应当符合法律、法规规定。因此，仍然需要计划生育技术服务。只是随着人们生育意愿的降低和全面二孩政策的实施，计划生育避孕节育措施由育龄夫妻自主选择，不再作强制性要求。各级政府应当从服务的角度，采取措施，保障公民享有计划生育技术服务，提高公民的生殖健康水平。

条文解读

计划生育技术服务，是指通过手术、药物、工具和其他手段，有目的地调节人的生育行为，并围绕生育、节育、不育开展相关的生殖保健服务。目前，计划生育技术服务主要有两类：计划生育技术指导、咨询以及与计划生育有关的临床医疗服务。计划生育技术指导、咨询包括生殖健康科普宣传、教育、咨询；提供避孕药具及相关的指导、咨询、随访；对已经施行避孕、节育手术和输卵（精）管复通手术的，提供相关的咨询、随访。与计划生育有关的临床医疗服务包括避孕和节育的医学检查；计划生育手术并发症和计划生育药具不良反应的诊断、治疗；施行避孕、节育手术和输卵（精）管复通手术；开展围绕生育、节育、不育的其他生殖保健项目。

第三十二条　地方各级人民政府应当合理配置、综合利用卫生资源，建立、健全由计划生育技术服务机构和从事计划生育技术服务的医疗、保健机构组成的计划生育技术服务网络，改善技术服务设施和条件，提高技术服务水平。

条文主旨

本条是关于建立、健全计划生育技术服务网络的规定。

条文解读

计划生育技术服务机构是指由计划生育行政部门管理的、以计划生育技术服务为主要服务内容的各级计划生育科研院所、计划生育技术服务站（所、室）、指导中心和生殖健康服务中心。从事计划生育技术服务的医疗、保健机构是指由卫生行政部门管理的，内设开展计划生育技术服务的业务科室的综合医院、卫生院、门诊部和妇幼保健院（站、所）。

20 世纪 80 年代之前，我国的计划生育技术服务工作是由卫生部门管理，由医疗、保健机构承担的。进入 20 世纪 80 年代后，由于人口形势的严峻和实现计划生育工作目标的迫切需要，计划生育技术服务机构应运而生。目前，全国性的计划生育技术服务体系基本形成，承担了农村地区的大部分计划生育技术服务工作。计划生育技术服务人员成为落实计划生育基本国策的一支主力军。

除了计划生育技术服务机构外，我国医疗、保健机构也承担了一部分计划生育技术服务工作。尤其是在城市，计划生育技术服务主要由医疗、保健机构承担；在农村，乡镇卫生院也承担了大量的计划生育服务工作。建立计划生育技术服务网络，要充分利用现有的卫生资源。医疗、保健机构提供的计划生育技术服务是计划生育技术服务的重要组成部分。本法规定地方各级人民政府应当合理配置、综合利用卫生资源，建立、健全由计划生育技术服务机构和从事计划生育技术服务的医疗、保健机构组成的计划生育技术服务网络。根据本条规定，地方人民政府在建立、健全计划生育技术服务网络时，应当遵循布局合理、规格适当、广为覆盖和方便群众的原则，在农村，乡镇已有医疗机构，且设有计划生育技术服务科室，专门从事计划生育技术服务工作的，不再新设计划生育技术服务机构。乡镇既有医疗机构，又有计划生育技术服务机构的，各自在批准的范围内开展计划生育技术服务工作。乡镇没有医疗机构的，应当设立计划生育技术服务机构。

改善技术服务设施和条件，提高技术服务水平，不仅关系到计划生育国策的贯彻落实，也关系到人民群众的健康。经过多年努力，计划生育技术服务设施建设有了长足进步，服务条件也有了较大改善，技术服务水平提高较快。随着《计划生育技术服务管理条例》的进一步贯彻落实，计划生育技术服务更加规范。计划生育技术服务人员必须按照批准的服务范围、服务项目、手术术种从事计划生育服务，遵守与执业有关的法律、法规、规章、技术常规、职业道德和管理制度。从事与计划生育有关的临床医疗服务的人员，应当依照执业医师法和《护士条例》的规定，分别取得执业医师、执业助理医师、乡村医生或者护士的资格。

相关规定

《中华人民共和国执业医师法》；《计划生育技术服务管理条例》；《护士条例》。

第三十三条 计划生育技术服务机构和从事计划生育技术服务的医疗、保健机构应当在各自的职责范围内，针对育龄人群开展人口与计划生育基础知识宣传教育，对已婚育龄妇女开展孕情检查、随访服务工作，承担计划生育、生殖保健的咨询、指导和技术服务。

条文主旨

本条是关于提供计划生育技术服务范围的规定。

条文解读

我国计划生育技术服务网络包括计划生育技术服务机构和从事计划生育的医疗、保健机构。这些机构提供计划生育服务主要有：

一是，开展人口计划生育基础知识宣传教育。开展人口与计划生育基础知识的宣传教育，有利于公民从思想观念上接受计划生育，自觉遵守计划生育要求。人口与计划生育基础知识宣传教育包括人口基本理论的宣传教育，基本国情和基本国策的宣传教育，可持续发展的宣传教育，科学、文明、进步婚育观的宣传教育，计划生育法律法规教育，婚育科普知识的宣传教育。

二是，开展孕情检查和随访服务工作。孕情检查是对已婚育龄妇女是否怀孕提供的服务。开展孕情检查是计划生育的一项日常工作。随访服务是县乡计划生育技术服务站的工作人员深入基层，到已婚妇女家中、田间地头，了解情况，提供计划生育和生殖保健方面的技术指导和咨询。

三是，承担计划生育、生殖保健的咨询和指导。包括（1）生殖健康科普宣传、教育和咨询，提供有关安全、满意、负责任的性生活，生育调节，母婴保健，优生优育，防治性病等方面的知识。（2）提供避孕药具及相关的指导、咨询和随访。使用避孕药具避孕是一类较为常见的避孕方法，目前我国广泛应用的主要避孕药具有避孕套、口服及注射用药物、外用杀精药物、宫内节育器等。这些避孕方法有的需要在计划生育技术服务人员帮助下使用。为了保证避孕药具的使用效果，保障育龄群众的身心健康，计划生育技术服务人员应当向育龄群众提供避孕药具及相关的指导、咨询和随访。(3) 对已经施行避孕、节育手术和输卵（精）管复通手术的，提供相关的咨询和随访。

四是，承担计划生育技术服务工作。这是指与计划生育有关的临床医疗服务，包括：(1) 避孕和节育的医学检查，通过各种临床检查手段，对育龄群众采用某种避孕节育措施的适应症和禁忌症、怀孕情况以及节育措施的有效性进行判断，目的是提高避孕、节育措施的有效性、安全性，减少各种不良反应、节育手术并发症等。避孕和节育的医学检查是计划生育技术服务的基本内容。(2) 计划生育手术并发症和计划生育药具不良反应的诊断、治疗。计划生育手术并发症是指因实施计划生育手术直接导致相关疾病、组织器官损伤、功能障碍或者残疾、死亡的情况。计划生育药具不良反应是指避孕药具在质量检验合格、正常用法和用量情况下引起的与使用目的无关的有害反应。(3) 实行避孕、节育手术和输卵（精）管复通手术。实行避孕、节育手术和输卵（精）管复通手术都是计划生育的重要技术手段。(4) 开展围绕生育、节育、不育的其他生殖保健项目，如使用辅助生育技术治疗不育症等。

第三十四条　计划生育技术服务人员应当指导实行计划生育的公民选择安全、有效、适宜的避孕措施。

对已生育子女的夫妻，提倡选择长效避孕措施。

国家鼓励计划生育新技术、新药具的研究、应用和推广。

条文主旨

本条是关于公民选择避孕措施和国家鼓励计划生育新技术、新药具的研究、应用和推广的规定。

条文解读

避孕是实行计划生育的有效保障，是预防和减少非意愿妊娠的重要措施。全面实施一对夫妇可生育两个子女政策后，计划生育服务管理也要进行相应改革，转变工作思路和工作方法，为群众提供更为优质、便利的计划生育服务。目前，避孕措施包括使用避孕套、口服及注射用药物、外用杀精子药物、宫内节育器、皮下埋植避孕剂、输卵（精）管结扎术等，种类较多，每种避孕方法都有相应的适应症和禁忌症，由育龄公民自己选择安全、有效、适宜的避孕措施。计划生育技术服务人员应当为公民选择安全、有效、适宜的避孕措施提供指导。计划生育技术服务人员在指导公民选择避孕措施时，应当向育龄群众介绍常用的避孕节育方法的作用机理、适应症、禁忌症、优缺点、使用方法、注意事项、可能出现的副作用及其处理方法，并告知其健康检查的结果，指导公民选择适合于自身的避孕措施，保障公民避孕措施的知情权和选择权。

长效避孕措施是一次使用后可维持长时间避孕效果的避孕方法，包括宫内节育器、长效口服避孕药、长效避孕针、皮下埋植避孕剂、输卵（精）管结扎术等。选择长效避孕措施可以达到长期避孕或永久节育的目的，避免服药、使用避孕工具所带来的麻烦和副作用，或依从性不够带来的非意愿妊娠等问题，对保证计划生育的效果和广大育龄群众的身心健康都有好处。本法第 19 条规定育龄夫妻自主选择避孕节育措施。各地应当转变工作方式，尊重本人意愿，由夫妻自主选择是否使用长效避孕措施，不得将使用长效避孕措施与办理户口或者领取奖励、福利待遇等挂钩。

为了提高计划生育技术服务质量，保障育龄群众的身心健康，国家应当鼓励计划生育新技术、新药具的研究、应用和推广。制定有利于计划生育新技术、新药具研究、应用和推广的政策和法规；为计划生育新技术、新药具的研究、应用和推广提供优惠政策，最大限度地调动计划生育科技人员的积极性、主动性和创造性；各级政府要不断增加用于计划生育新技术、新药具研究、应用和推广的财政投入；积极吸引非政府资金、海外资金等各渠道的投资，促进计划生育新技术、新药具的研究、应用和推广。

相关规定

《中华人民共和国人口与计划生育法》第19条。

第三十五条 严禁利用超声技术和其他技术手段进行非医学需要的胎儿性别鉴定；严禁非医学需要的选择性别的人工终止妊娠。

条文主旨

本条是关于禁止非医学需要的胎儿性别鉴定和选择性别的人工终止妊娠的规定。

立法背景

非医学需要的胎儿性别鉴定是指对没有伴性遗传病的胎儿，利用超声技术和其他技术手段进行性别鉴定。非医学需要的选择性别的人工终止妊娠是指没有伴性遗传病，仅因对胎儿性别的喜好，用人工方法（手术或应用药物）终止妊娠。进行非医学需要的胎儿性别鉴定和选择性别的人工终止妊娠，目的是不生女孩或少生女孩，其后果是引起出生婴儿性别比失调。

出生婴儿性别比是一定时期（通常为一年）内，一个具有相当出生规模的人口中活产男婴与活产女婴之比，常用每100名出生女婴相对的男婴数表示。一般来说，正常的出生人口性别比，应是每出生100名女婴，相应有103～107个男婴。目前，世界上有18个国家和地区的出生人口性别比高于107正常值上限，我国是世界上出生人口性别结构失衡最严重、持续时间最长、波及人口最多的国家。我国出生婴儿性别比自20世纪80年代以来出现升高的趋势，1982年为108.47，1990年为111.14，2000年为116.86，2004年达到121.18。而从2008年至2014年，我国出生人口性别比出现连续小幅下降，依次分别为120.56、119.45、117.94、117.78、117.70、117.60、115.88。有关专家认为，尽管我国出生人口性别比长期偏高势头得到初步遏制，但整体水平依然偏高，并且出生人口性别比偏高的后果已经显现，风险进一步聚集和扩大，面临的形势依然严峻，促进出生人口性别结构平衡依然任重道远。

条文解读

出生人口性别比长期偏高，将会产生一系列不良后果，影响家庭幸福与社会和谐稳定。引起出生婴儿性别比失衡的因素是众多而复杂的，如生育政策、生育意愿、人工技术鉴定选择、出生的女婴漏报、瞒报等。但一般认为，利用超声技术和其他技术手段进行非医学需要的胎儿性别鉴定后流产女胎是造成出生婴儿性别比失衡的直接原因之一。

因此，必须对利用超声技术和其他技术手段进行非医学需要的胎儿性别鉴定以及非医学需要的选择性别的人工终止妊娠行为予以严格禁止。母婴保健法规定，除医学上确有需要的外，严禁采取技术手段对胎儿进行性别鉴定。对违反法律规定进行胎儿性别鉴定的，由医疗保健机构或者卫生行政部门根据情节给予行政处分，情节严重的，依法取消执业资格。2001 年 6 月 20 日国务院颁布的《中华人民共和国母婴保健法实施办法》规定怀疑胎儿可能有伴性遗传病，需要进行性别鉴定的，由省、自治区、直辖市人民政府卫生行政部门指定的医疗、保健机构按照国务院卫生行政部门的规定进行鉴定，加强对胎儿性别鉴定的控制。本法重申严禁利用超声技术和其他技术手段进行非医学需要的胎儿性别鉴定，严禁非医学需要的选择性别的人工终止妊娠。并对利用超声波等仪器和其他技术手段进行非医学需要的胎儿性别鉴定或者选择性别的人工终止妊娠的，规定由计划生育行政部门或者卫生行政部门依据职权责令改正，给予警告，没收违法所得并进行处罚；情节严重的，由原发证机关吊销执业证书。

相关规定

《中华人民共和国母婴保健法》第 32 条；《中华人民共和国母婴保健法实施办法》第 23 条。

第六章　法律责任

第三十六条　违反本法规定，有下列行为之一的，由计划生育行政部门或者卫生行政部门依据职权责令改正，给予警告，没收违法所得；违法所得一万元以上的，处违法所得二倍以上六倍以下的罚款；没有违法所得或者违法所得不足一万元的，处一万元以上三万元以下的罚款；情节严重的，由原发证机关吊销执业证书；构成犯罪的，依法追究刑事责任：

（一）非法为他人施行计划生育手术的；

（二）利用超声技术和其他技术手段为他人进行非医学需要的胎儿性别鉴定或者选择性别的人工终止妊娠的；

（三）进行假医学鉴定、出具假计划生育证明的。

条文主旨

本条是关于违法施行计划生育手术、胎儿性别鉴定、人工终止妊娠违法行为的法律责任。

立法背景

本条在原法第36条的基础上作了修改，删去了第三项中的“实施假节育手术”违法行为。在常委会审议过程中，有些常委委员提出，实施假节育手术是与原法第20条中“育龄夫妻应当自觉落实计划生育避孕节育措施”规定相对应的违法行为，这次修法已将原法第20条的上述规定修改为“育龄夫妻自主选择计划生育避孕节育措施”，实施假节育手术客观上不需要了，应当相应调整法律责任的规定。因此，这次修法删去了法律责任中“实施假节育手术的”行为。

条文解读

一是，非法为他人施行计划生育手术。计划生育手术主要是指计划生育技术服务中为达到节制生育，控制人口增长目的所实施的相关手术，包括宫内节育器放置术和取出术，早期人工终止妊娠术、人工流产，中期流产术，皮下埋植避孕术，输卵管或输精管复通术等。实施计划生育手术涉及人体健康和生殖安全，相应机构和实施人员都需要取得相应职业证书方可依法实施。实践中，主要有四类违法情形：（1）计划生育技术服务机构未依法取得相应的执业资格许可证书，或者超出执业资格许可证书范围的，以及医疗、保健机构执业许可证上未注明获准开展计划生育技术服务项目，或者超出服务项目范围开展计划生育手术的。《计划生育技术服务管理条例》第21条规定，设立计划生育技术服务机构，由设区的市级以上地方人民政府计划生育行政部门批准，发给《计划生育技术服务机构执业许可证》，并在《计划生育技术服务机构执业许可证》上注明获准开展的计划生育技术服务项目。第22条规定，从事计划生育技术服务的医疗、保健机构，由县级以上地方人民政府卫生行政部门审查批准，在其《医疗机构执业许可证》上注明获准开展的计划生育技术服务项目，并向同级计划生育行政部门通报。违反这两条规定开展计划生育手术的，是非法施行计划生育手术的违法行为。（2）实施计划生育手术的工作人员，未取得相应执业医师、执业助理医师、乡村医师或者护士资格的。《计划生育技术服务管理条例》第29条规定，计划生育技术服务人员中依据本条例的规定从事与计划生育有关的临床服务人员，应当依照执业医师法和国家有关护士管理的规定，分别取得执业医师、执业助理医师、乡村医生或者护士的资格，并在依照本条例设立的机构中执业。在计划生育技术服务机构执业的执业医师和执业助理医师应当依照执业医师法的规定向所在地县级以上地方人民政府卫生行政部门申请注册。违反这一规定开展计划生育手术的，为非法施行计划生育手术的违法行为。（3）个体行医机构从事计划生育手术的。《计划生育技术服务管理条例》第 29 条规定，个体医疗机构不得从事计划生育手术。违反这一规定开展计划生育手术的，为非法施行计划生育手术的违法行为。（4）其他违法施行计划生育手术的行为。

二是，利用超声技术和其他技术手段为他人进行非医学需要的胎儿性别鉴定或者选择性别的人工终止妊娠。本法第 35 条规定："严禁利用超声技术和其他技术手段进行非医学需要的胎儿性别鉴定；严禁非医学需要的选择性别的人工终止妊娠。"利用超声技术和其他技术手段进行非医学需要胎儿性别鉴定、非医学需要选择性别的人工终止妊娠，其目的是选择性生育，在很长一段时间内，多数是选择生育男孩，这导致我国出生人口性别比例失调，严重影响我国人口安全，引发一系列社会问题。为了解决这一突出问题，母婴保健法作了禁止性规定，本法予以重申。需要指出的是，因医学需要而进行的胎儿性别鉴定是允许的，医学上考虑到一些遗传性疾病只对下一代中的男孩或者女孩产生影响，所以需要对患有该遗传性疾病或者携带该遗传性疾病致病基因的夫妻所孕育的胎儿进行性别鉴定，保证婴儿的健康。

三是，进行假医学鉴定、出具假计划生育证明。医学鉴定是指医生在执业活动中，通过医学检查、疾病调查后，签署有关的医学证明文件的活动。如生育的子女因各种原因致病、致残，要求再生育的，需要申请病残儿医学鉴定，该医学鉴定对被鉴定者作出是否病残及其程度的鉴定结论。计划生育证明是指基层计划生育管理部门为规范管理和服务，记录公民婚姻、生育、节育等情况的凭证，目前主要有生育证、生育服务证、避孕节育证明、生殖保健服务证、孕情环情检查证明、流动人口婚育证明等。进行假医学鉴定、出具假计划生育证明的机构和人员，应当承担相应的法律责任。

本条的法律责任主要有两类：行政责任和刑事责任。行政责任的实施主体为计划生育行政部门或者卫生行政部门，分别负责处理计划生育技术服务机构和医疗、保健机构的上述三类违法行为。目前，这两个主管部门已经合并，成立了卫生与计划生育委员会。行政责任的内容包括：责令改正、给予警告、没收违法所得和处以罚款，情节严重的吊销执业证书。执业医师法和《计划生育技术服务管理条例》规定了相应执业证书的取得、发放，吊销执业证书的主体为原发证机关。刑法第 336 条第 2 款规定："未取得医生执业资格的人擅自为他人进行节育复通手术、假节育手术、终止妊娠手术或者摘取宫内节育器，情节严重的，处三年以下有期徒刑、拘役或者管制，并处或者单处罚金；严重损害就诊人身体健康的，处三年以上十年以下有期徒刑，并处罚金；造成就诊人死亡的，处十年以上有期徒刑，并处罚金。”本法中规定的三类违法行为，构成犯罪的，追究其相应的刑事责任。

相关规定

《中华人民共和国人口与计划生育法》第 35 条；《中华人民共和国刑法》第336 条；《计划生育技术服务管理条例》第 21 条、第 22 条、第 29 条。

第三十七条 伪造、变造、买卖计划生育证明，由计划生育行政部门没收违法所得，违法所得五千元以上的，处违法所得二倍以上十倍以下的罚款；没有违法所得或者违法所得不足五千元的，处五千元以上二万元以下的罚款；构成犯罪的，依法追究刑事责任。

以不正当手段取得计划生育证明的，由计划生育行政部门取消其计划生育证明；出具证明的单位有过错的，对直接负责的主管人员和其他直接责任人员依法给予行政处分。

条文主旨

本条是关于伪造、变造、买卖计划生育证明的法律责任的规定。

条文解读

计划生育证明是指基层计划生育管理部门为规范管理和服务，记录公民婚姻、生育、节育等情况的凭证，目前主要有生育服务证、生殖保健服务证、流动人口婚育证明等。从法律性质看，计划生育证明是行政机关出具的有关当事人计划生育方面的证明材料，属于行政确认行为。计划生育证明是开展计划生育工作和提供计划生育技术服务的重要依据和记载，应当客观、准确，依法出具的计划生育证明具有法律效力。

本条中对两类违法行为规定了法律责任：

一是，伪造、变造、买卖计划生育证明行为。在实践中，有的人为了逃避计划生育义务，达到超生的目的，在计划生育证明上动脑筋、做手脚。伪造、变造、买卖计划生育证明扰乱计划生育管理秩序，对这类违法行为应当追究其法律责任。所谓伪造，是指无权制作计划生育证明的人，仿照真实的计划生育证明的形式、格式，通过印刷、复印、绘制等制作方法，非法制造计划生育证明的行为。伪造的计划生育证明文本及所记载的内容是完全虚假的。所谓变造，是指用涂改、擦消、拼接等方法，对真实的计划生育证明进行改制，变更其原来真实内容的行为。变造的计划生育证明所记载的内容是部分虚假。计划生育证明是具有法律效力的证明文件，需要依法取得，不得买卖，无论是买方还是卖方都属违法，需要承担相应法律责任。

对于伪造、变造、买卖计划生育证明的行为，本条第1款规定了法律责任，包括行政责任和刑事责任。由计划生育行政部门没收违法所得，即通过伪造、变造、买卖计划生育证明行为所获取的非法利益。如果违法所得超过五千元的，还要处以违法所得二倍以上十倍以下的罚款。刑法第280条第1款规定："伪造、变造、买卖或者盗窃、抢夺、毁灭国家机关的公文、证件、印章的，处三年以下有期徒刑、拘役、管制或者剥夺政治权利；情节严重的，处三年以上十年以下有期徒刑，并处罚金。"计划生育行政部门属于该条规定的国家机关，计划生育证明属于该条规定的公文、证件。伪造、变造、买卖计划生育证明的行为，构成犯罪的，依照刑法第280条规定追究其刑事责任。

二是，通过不正当手段取得计划生育证明行为。本条第1款所规定的伪造、变造、买卖计划生育证明，证明本身是虚假的，而第2款规定的通过不正当手段取得的计划生育证明，证明本身是真实的，是由有关计划生育行政部门出具的，但由于是通过不正当手段获得，证明是违法的。所谓不正当手段，主要有通过虚假陈述来骗取，以及行贿方式获取等。

对于通过不正当手段取得计划生育证明行为，本条第2款规定相应法律责任。对于计划生育证明持有人，计划生育行政部门可以依法取消其计划生育证明，废止该计划生育证明的法律效力。对于出具证明的单位有过错的，如相关工作人员徇私舞弊、弄虚作假，明知当事人不具备取得证明的条件，故意出具计划生育证明，或者相关工作人员玩忽职守，工作出现严重疏漏导致未发现当事人不具有取得证明的条件而出具计划生育证明，对直接负责的主管人员和其他直接责任人员依法给予行政处分。所谓直接负责的主管人员，主要是分管领导，承担的是领导责任。所谓其他直接负责人员，主要是具体工作人员，承担的是直接责任。

相关规定

《中华人民共和国刑法》第280条。

第三十八条 计划生育技术服务人员违章操作或者延误抢救、诊治，造成严重后果的，依照有关法律、行政法规的规定承担相应的法律责任。

条文主旨

本条是关于计划生育技术服务人员违章操作或者延误抢救、诊治法律责任的规定。

条文解读

计划生育技术服务包括计划生育技术指导、咨询以及与计划生育有关的临床医疗服务。计划生育技术指导、咨询包括生殖健康科普宣传、教育、咨询；提供避孕药具及相关的指导、咨询、随访；对已经施行避孕、节育手术和输卵（精）管复通手术的，提供相关的咨询、随访。与计划生育有关的临床医疗服务包括避孕和节育的医学检查；计划生育手术并发症和计划生育药具不良反应的诊断、治疗；施行避孕、节育手术和输卵（精）管复通手术；开展围绕生育、节育、不育的其他生殖保健项目。应该说，计划生育技术指导、咨询不涉及违章操作或者延误抢救、诊治情形，因此，本条规定的计划生育技术人员主要是指开展与计划生育有关的临床医疗服务的人员。《计划生育技术服务管理条例》第29条对这类计划生育技术人员的资格资质作了规定，要求应当依照执业医师法和国家有关护士管理的规定，分别取得执业医师、执业助理医师、乡村医生或者护士的资格，并在依照本条例设立的机构中执业。在计划生育技术服务机构执业的执业医师和执业助理医师应当依照执业医师法的规定向所在地县级以上地方人民政府卫生行政部门申请注册。

本条中规定了两类违法行为。一是违章操作，造成严重后果的。《计划生育技术服务管理条例》第 30 条规定，计划生育技术服务人员必须按照批准的服务范围、服务项目、手术术种从事计划生育技术服务，遵守与执业有关的法律、法规、规章、技术常规、职业道德规范和管理制度。计划生育技术服务人员提供的与计划生育有关的临床医疗服务，属于医疗服务范畴，直接关系到当事人的生命安全和人体健康，应当遵循卫生行政规章制度或者技术操作规范。如果违章操作，并造成严重后果的，应当按照执业医师法等法律、行政法规规定承担法律责任。二是延误抢救、诊治，造成严重后果的。执业医师法第 24 条规定，对急危患者，医师应当采取紧急措施进行诊治，不得拒绝急救处置。这是从事与计划生育相关的临床医疗服务的计划生育技术服务人员应当遵循的法律规定，是对医务人员的基本要求。如果由于不负责任延误急危患者的抢救和诊治，造成严重后果的，也应当按照执业医师法等法律、行政法规规定承担法律责任。

本条中“依照有关法律、行政法规的规定”主要是指刑法、执业医师法、《医疗事故处理条例》等。根据这些法律、法规规定，相应的法律责任包括行政责任、刑事责任和民事责任。具体为：一是，行政责任主要有行政处分、行政处罚。《医疗事故处理条例》第55条规定，医疗机构发生医疗事故的，对负有责任的医务人员依法给予行政处分或者纪律处分。执业医师法第37条规定，医师在执业活动中，违反卫生行政规章制度或者技术操作规范，造成严重后果的或者由于不负责任延误急危患者的抢救和诊治，造成严重后果的，由县级以上人民政府卫生行政部门给予警告或者责令暂停六个月以上一年以下执业活动；情节严重的，吊销其执业证书。二是，刑事责任。刑法第335条规定了医疗事故罪，医务人员由于严重不负责任，造成就诊人死亡或者严重损害就诊人身体健康的，处三年以下有期徒刑或者拘役。同时，还规定了非法行医罪，即未取得医生执业资格的人擅自为他人进行节育复通手术、终止妊娠手术或者摘取宫内节育器，情节严重的，处三年以下有期徒刑、拘役或者管制，并处或者单处罚金；严重损害就诊人身体健康的，处三年以上十年以下有期徒刑，并处罚金；造成就诊人死亡的，处十年以上有期徒刑，并处罚金。三是，民事责任。民事赔偿责任主要由计划生育技术服务人员所在计划生育技术服务机构、医疗、保健机构承担。《医疗事故处理条例》规定，医疗机构及其医务人员在医疗活动中，违反医疗卫生管理法律、行政法规、部门规章和诊疗护理规范、常规，过失造成患者人身损害事故的，需要承担赔偿等民事责任，并规定了医疗事故赔偿标准。

相关规定

《中华人民共和国刑法》第335条；《中华人民共和国执业医师法》第24条、第37条；《计划生育技术服务管理条例》第29条、第30条；《医疗事故处理条例》第55条。

第三十九条 国家机关工作人员在计划生育工作中，有下列行为之一，构成犯罪的，依法追究刑事责任；尚不构成犯罪的，依法给予行政处分；有违法所得的，没收违法所得：

（一）侵犯公民人身权、财产权和其他合法权益的；

（二）滥用职权、玩忽职守、徇私舞弊的；

（三）索取、收受贿赂的；

（四）截留、克扣、挪用、贪污计划生育经费或者社会抚养费的；

（五）虚报、瞒报、伪造、篡改或者拒报人口与计划生育统计数据的。

条文主旨

本条是关于国家机关工作人员在计划生育工作中出现违法犯罪行为，所应承担的法律责任的规定。

条文解读

一、侵犯公民人身权、财产权和其他合法权益的

国家机关工作人员在计划生育工作中，侵犯公民人身权、财产权和其他合法权益的违法行为主要表现为违反本法第 4 条第 1 款规定的违法行为。侵犯公民人身权、财产权的违法行为，主要表现为：非法关押、殴打、侮辱违反计划生育规定的人员及其家属的；毁坏违反计划生育规定人员家庭的庄稼、房屋和其他财产的；非经法定程序将违反计划生育规定人员的财产抵缴社会抚养费的；滥设收费项目、乱罚款的；因当事人违反计划生育规定而株连其亲友、邻居及其他群众；对揭发、举报的群众进行打击报复的；以完成人口计划为由而不允许合法生育的；组织对未婚女青年进行孕检的等。

原国家计生委于 1995 年下发了《国家计划生育委员会关于印发在计划生育行政执法中“七个不准”的通知》的

规定，指出上述七项违法行为，违背了为人民服务的宗旨，损害了党和政府在人民群众中的威信；损害了计划生育工作的形象，不利于计划生育工作的健康开展，不利于社会的安定团结。各级计划生育部门及其执法人员要坚持正确执法、文明执法，不得侵害公民合法权益。同时强调要加强对基层计划生育工作人员的法制教育和职业道德教育，使他们懂得计划生育工作关系到广大群众的切身利益，必须树立他们全心全意为人民服务的思想，依法管理计划生育工作，提高计划生育行政执法水平，切实保障人民群众的合法权益。人口与计划生育法作为国家的一部重要法律，在总则中进一步明确规定了各级人民政府及其工作人员在推行计划生育工作中应当严格依法行政，文明执法，不得侵犯公民的合法权益。对违反本项规定的国家工作人员，不构成犯罪的，要依法给予行政处分；构成犯罪的，要依法追究相应的刑事责任，包括故意伤害罪、侮辱罪、非法拘禁罪、故意毁坏公私财物罪、打击报复罪。

二、滥用职权、玩忽职守、徇私舞弊的

滥用职权是指国家机关工作人员故意超过职权范围行使职权或者不适当地使用职权，致使公共财产、国家和人民利益遭受损失的违法行为。国家机关工作人员在推行计划生育工作中滥用职权的行为，主要是指国家机关工作人员在计划生育工作中超越法律、法规所赋予的职权范围去行使职权；或者不适当地使用职权，造成危害后果的违法行为。如对不符合本法规定生育子女的公民，应当依法向其征收社会抚养费。征收社会抚养费的行政决定必须要依法定的程序而作出，国家机关人员无权自行决定，如果执法人员非依法定程序而作出征收社会抚养费的决定，即为滥用职权的违法行为。再如，对于公民拒绝或拖延缴纳，以及不足额缴纳社会抚养费的，计划生育部门应当依法向人民法院申请强制执行。如果计划生育行政部门没有向人民法院申请强制执行，而是自行对当事人进行强制执行，也属于滥用职权的违法行为。

玩忽职守是指国家机关工作人员严重不负责任，不履行或者不正确地履行职责，致使公共财产、国家和人民利益受到损失的行为。国家机关工作人员在推行计划生育工作中玩忽职守的行为，主要表现为对工作极端不负责任，对计划生育工作放松管理，发现有计划外怀孕者也不去做工作，不动员其采取补救措施，对超生行为漠然视之，放任自流；对违反计划生育管理秩序的行为不予制止，从而使计划生育工作秩序受到破坏，国家的计划生育政策得不到有效执行，人口数量得不到有效控制。

徇私舞弊是指国家机关工作人员为徇个人私利、私情，违反国家法律、法规的规定，破坏计划生育工作秩序，使国家和人民利益受到损失的行为。国家机关工作人员在推行计划生育工作中徇私舞弊的行为，主要表现为徇私枉法、徇情枉法，出于贪赃、报复或者袒护亲友的目的，明知某人不符合再生的条件，而允许其再生等。

三、索取、收受贿赂的

索取、收受贿赂，是指国家机关工作人员在计划生育工作中，利用职务上的便利，索取他人财物，或者非法收受他人财物，为他人谋取利益的行为。国家机关工作人员在计划生育工作中，利用自己职务上的便利索取、收受他人的财物，明知其所作所为违反法律、法规对其履行职责的要求，损害公务人员的廉洁形象，但出于贪利动机或目的仍然为之，利用手中的权力搞权钱交易，为他人谋取不正当利益，如明知某人不符合再生条件，在收受其贿赂后，即为其大开方便之门；又如某人超计划生育，按地方法规的规定，应当缴纳社会抚养费，但经过权钱交易，收受贿赂后，即允许其不缴纳社会抚养费或少缴纳社会抚养费，从而放纵了违法行为。

四、截留、克扣、挪用、贪污计划生育经费或者社会抚养费的

社会抚养费是由超计划生育的当事人缴纳的，用于补偿超生给社会增加的公共投入的费用，这笔经费必须全部上缴财政，纳入财政预算管理，绝不允许任何单位和个人予以截留、克扣、挪用、贪污。目前，一些地方存在截留、克扣、挪用、私分社会抚养费的现象，有的甚至搞“放水养鱼”，一方面放纵政策外生育行为；另一方面靠征收社会抚养费、罚款搞创收，严重破坏了计划生育工作秩序，对此，群众意见极大，应予严惩。

五、虚报、瞒报、伪造、篡改或者拒报人口与计划生育统计数据的

人口与计划生育数据统计是人口与计划生育工作的一项重要环节，对于研究某一地区在某一个时间段的人口结构、人口数量、生育率以及人口与计划生育工作的总体工作水平，制定人口发展规划具有重要意义。计划生育在一个地方和一个单位贯彻执行情况，主要通过人口统计和计划生育统计的数据来反映，统计数据不准确，就不能真实地反映计划生育工作的情况，还可能会导致决策失误的严重后果。依据统计法规定，国家机关、企业事业组织和其他组织以及个体工商户和个人等统计调查对象，必须依照本法和国家有关规定，真实、准确、完整、及时地提供统计调查所需的资料，不得虚报、瞒报、拒报、迟报，不得伪造、篡改。各机关、团体、企业事业单位以及这些单位负责人口统计和计划生育统计的人员，必须严格按照统计法的规定，本着实事求是的态度，有效地、科学地做好人口与计划生育的数据统计工作，及时、准确地上报统计数据，绝不能虚报、瞒报、伪造、篡改或者拒报人口与计划生育统计数据。

相关规定

《中华人民共和国统计法》。

第四十条 违反本法规定，不履行协助计划生育管理义务的，由有关地方人民政府责令改正，并给予通报批评；对直接负责的主管人员和其他直接责任人员依法给予行政处分。

条文主旨

本条是关于有协助履行计划生育管理义务的机关、组织不履行义务的，应承担的法律责任的规定。

条文解读

根据本法的规定，负有协助计划生育管理义务的单位主要有：

第一，工会、共产主义青年团、妇女联合会及计划生育协会。本法第 7 条规定，工会、共产主义青年团、妇女联合会及计划生育协会等社会团体、企业事业组织和公民应当协助人民政府开展人口与计划生育工作。工会、共产主义青年团和妇女联合会是我国三大群众团体，分别联系职工群众、青年和妇女参与国家政治、经济、社会、文化事务的管理和建设，在团结组织职工、青年、妇女响应党和国家的号召，实行计划生育的工作中发挥了巨大的作用。计划生育协会是广大群众实行计划生育自我组织、自我管理、自我服务的群众团体，在协同党委、政府以及计划生育行政部门做好计划生育工作中，发挥了重要的作用。

第二，村民委员会和居民委员会。本法第 12 条第 1 款规定，村民委员会、居民委员会应当依法做好计划生育工作。村民委员会和居民委员会是基层群众性自治组织，协助政府做好计划生育工作是村民委员会和居民委员会应尽的法定职责和义务。村民委员会、居民委员会应当努力做到以村为主或者以社区、居民小区为主，完成乡（镇）人民政府和街道办事处交给的计划生育工作任务，组织村民、居民在计划生育工作中实行自我管理、自我教育和自我服务。在我国农村地区，由于生产力水平不高，加上人们长期以来形成的多子多福的传统观念，农村的计划生育工作难度较大。作为农村的基层村民自治组织，村民委员会应当通过开展耐心细致的说服教育工作，晓之以理，动之以情，使广大村民认识到实行计划生育是国家的基本国策，这一政策执行的好坏关系到国家和民族的利益，人口过快增长不仅使人均占有的资源减少，还会给教育、就业等各方面造成困难，使群众认识到实行计划生育政策的意义。同时，对积极履行计划生育义务的群众予以鼓励和奖励；对不履行义务的村民，予以批评教育。另外，在实践中，村民委员会、居民委员会通常在主任、副主任或者其他委员会中确定一人，具体管理计划生育工作，这种做法有利于把计划生育工作真正落到实处。

第三，机关、部队、社会团体、企业事业组织。本法第12条第2款规定，机关、部队、社会团体、企业事业组织应当做好本单位的计划生育工作。这一款规定，体现了计划生育工作“单位负责”的原则，即各个机关、部队、社会团体、企业事业组织都要做好本单位的计划生育工作，把计划生育工作纳入本单位管理中，建立切实可行的工作制度，保证计划生育的各项工作得到落实。各单位的主要负责人要对计划生育工作亲自抓、负总责，建立计划生育工作责任制，认真贯彻落实计划生育基本国策。

对以上负有协助政府履行管理计划生育工作职责的单位，如果没有履行好这一法定职责，就要依法承担相应的法律责任。

相关规定

《中华人民共和国人口与计划生育法》第7条、第12条。

第四十一条 不符合本法第十八条规定生育子女的公民，应当依法缴纳社会抚养费。

未在规定的期限内足额缴纳应当缴纳的社会抚养费的，自欠缴之日起，按照国家有关规定加收滞纳金；仍不缴纳的，由作出征收决定的计划生育行政部门依法向人民法院申请强制执行。

条文主旨

本条是关于不符合本法第18条规定生育子女的公民，应当依法缴纳社会抚养费，以及国家对未按规定缴纳社会抚养费的当事人予以强制征收的规定。

条文解读

社会抚养费是指为调节自然资源的利用和保护环境，适当补偿政府的公共社会事业投入的经费，而对不符合法定条件生育子女的公民征收的费用。社会抚养费属于行政性收费，具有补偿性和强制性的特点。

对政策外生育行为征收社会抚养费的必要性，主要体现在：一是实现人口、经济、社会、资源、环境协调发展和可持续发展战略的需要。由于我国人口基数大、增长快，人均耕地和其他资源相对不足，加之社会生产力水平比较低，经济欠发达，社会保障制度不健全，致使人口与经济社会发展的矛盾更加突出，人口问题严重制约着我国经济和社会的发展。二是全面贯彻国家计划生育政策的需要。我国受两千多年封建社会传统文化的影响比较深，旧的婚育观念仍在束缚着相当一部分人的思想，人们的生育意愿和现行生育政策之间还存在一定的差距。同时，由于生产力水平低，社会保障制度不健全，群众生产生活的实际困难又是产生对生男孩偏好和多子偏好的客观原因。为了全面贯彻执行国家现行的生育政策，严格控制政策外生育，在开展宣传教育的同时，对出现政策外生育的行为人必须采取经济限制的办法，即征收社会抚养费，引导公民从自身经济利益出发，逐步转变生育观念，自觉实行计划生育。三是遵循在法律面前人人平等的原则。从我国目前经济社会和资源条件的承受能力来看，大量的政策外生育，必然会增加社会的公共投入，同时给各项自然资源的合理利用带来更加沉重的负担，在客观上也侵害了实行计划生育公民的合法权益。因此，对政策外生育行为人征收一定的社会抚养费，适当补偿其所增加的社会公共投入，是十分必要的。

考虑到各地经济发展水平和公民收入的差异以及社会抚养费收取管理工作的复杂性，难以在本法中作出统一具体的规定，因此本条只在法律责任中原则规定："不符合本法第十八条规定生育子女的公民，应当依法缴纳社会抚养费。"同时在本法第45条中授权国务院对社会抚养费征收管理办法作出规定。2002 年，国务院制定了《社会抚养费征收管理办法》，明确社会抚养费的征收标准，分别以当地城镇居民年人均可支配收入和农村居民年人均纯收入为计征的参考基本标准，结合当事人的实际收入水平和不符合法律、法规规定生育子女的情节，确定征收数额。社会抚养费的具体征收标准由省、自治区、直辖市规定。

应当说明一点，目前国家全面实施一对夫妻可生育两个孩子的政策，这是对生育政策的调整，实施“全面二孩”并不等同于普遍放开，计划生育还是我国要坚持的基本国策。因此，征收社会抚养费的制度仍应坚持，对于违反法律法规生育子女的行为，仍需要依法征收社会抚养费，以维护我国法律和基本国策的严肃性。

关于社会抚养费的征收，需要说明两个问题：

第一，征收社会抚养费的对象。征收对象应当是不符合法律法规规定生育子女的人。根据本法第 18 条规定，我国的生育政策是国家规定的基本原则，具体办法由省、自治区、直辖市人民代表大会或者其常务委员会规定，因此，这里的不符合规定生育子女的人，就是指违反了本省、自治区、直辖市计划生育法规规定条件生育子女的人。

第二，征收社会抚养费的性质。应当明确征收社会抚养费不是一种行政处罚，而是一项行政性收费。一些干部、群众之所以在这个问题上认识不明确，主要是我们在对待政策外生育对象的经济制约方面，有一个变化过程。可以说社会抚养费是从过去的计划外生育费演变而来的。在开展计划生育工作之初，各地对不符合规定生育的人多是给予罚款处罚。1994 年以后，一些地方认识到，计划生育是倡导性义务，对超计划生育的不适宜给以行政处罚，因此，陆续将罚款改为了收费。1996 年行政处罚法出台后，进一步明确对于不符合规定生育的不得给予罚款，可以征收“计划外生育费”。2000 年 3 月，中央 8 号文件明确规定实行征收社会抚养费征制度。同年，财政部、原国家计生委联合下发文件，要求各地将“计划外生育费”改为“社会抚养费”。本法规定的社会抚养费是一项行政性收费，不是处罚，但具有一定的补偿和强制作用。因此本条第 2 款规定：“未在规定的期限内足额缴纳应当缴纳的社会抚养费的，自欠缴之日起，按照国家有关规定加收滞纳金；仍不缴纳的，由作出征收决定的计划生育行政部门依法向人民法院申请强制执行。”

计划生育行政部门一经发现不符合规定生育行为，就要对超生者作出缴纳社会抚养费的行政决定。缴纳社会抚养费的决定依法作出后，凡不符合规定生育的公民必须予以执行。征收社会抚养费是一种行政收费行为，是行政机关在代表国家进行行政管理活动中作出的，是一种国家意志的体现，而国家意志是具有强制性的，正是这种强制性维系着行政收费这一具体行政行为的权威性和有效性。

这里应当指出的是，计划生育行政部门本身没有行政强制执行权，所以对拒不缴纳或者欠缴社会抚养费的当事人，只能申请人民法院强制执行，决不能由计划生育部门自行执行。实践中，有个别地方的计划生育干部在执法中，动用强制手段向农民征收社会抚养费，甚至到农民家里强行收缴财物以迫使农民缴纳社会抚养费，这是违法的行政行为，是要坚决制止的。

相关规定

《中华人民共和国人口与计划生育法》第 18 条；《社会抚养费征收管理办法》。

第四十二条 按照本法第四十一条规定缴纳社会抚养费的人员，是国家工作人员的，还应当依法给予行政处分；其他人员还应当由其所在单位或者组织给予纪律处分。

条文主旨

本条是关于对违反本法第 41 条规定生育子女的国家工作人员及其他人员所应承担法律责任的规定。

条文解读

本法第 18 条规定："国家提倡一对夫妻生育两个子女。""符合法律、法规规定条件的，可以要求安排再生育子女。具体办法由省、自治区、直辖市人民代表大会或者其常务委员会规定。"第 41 条第 1 款规定："不符合本法第十八条规定生育子女的公民，应当依法缴纳社会抚养费。"对不符合第 18 条规定生育子女的公民，首先要依照人口与计划生育法第 41 条的规定，缴纳社会抚养费。社会抚养费从性质上说是对社会进行经济补偿的收费。考虑到不符合规定生育给社会增加了负担，理应对社会给予适当补偿，因此人口与计划生育法规定建立社会抚养费制度，凡是有计划外生育行为的公民，都要依法缴纳社会抚养费。

除了缴纳社会抚养费外，如果不符合规定生育的公民是国家工作人员的，还应当依法给予行政处分；其他人员还应当由其所在单位或者组织给予纪律处分。所谓国家工作人员，依据刑法的规定，是指在国家机关中从事公务的人员，国有公司、企业、事业单位、人民团体中从事公务的人员和国家机关、国有公司、企业、事业单位委派到非国有公司、企业、事业单位、社会团体从事公务的人员，以及其他依照法律从事公务的人员。对上述国家工作人员不符合规定生育的，要依法给予行政处分。

行政处分是行政机关内部，上级对有隶属关系的下级违反纪律的行为或者是对尚未构成犯罪的轻微违法行为所给予的纪律制裁。根据公务员法的规定，处分分为六种：警告、记过、记大过、降级、撤职、开除。如果有不符合规定生育行为的公民不是国家工作人员，则由其所在单位或者组织给予纪律处分，如是共产党员的，要由所在的党组织按照党纪给予处分。

相关规定

《中华人民共和国人口与计划生育法》第 18 条、第 41 条；《中华人民共和国刑法》第 93 条；《中华人民共和国公务员法》第 55 条。

第四十三条 拒绝、阻碍计划生育行政部门及其工作人员依法执行公务的，由计划生育行政部门给予批评教育并予以制止；构成违反治安管理行为的，依法给予治安管理处罚；构成犯罪的，依法追究刑事责任。

条文主旨

本条是关于拒绝、阻碍计划生育行政部门以及工作人员依法执行公务的违法行为所应承担的法律责任的规定。

条文解读

本法第4条第2款明确规定："计划生育行政部门及其工作人员依法执行公务受法律保护。"计划生育行政部门及其工作人员是代表国家来执行公务的，他们依法履行法律赋予的推行计划生育、维护计划生育管理秩序职责的行为是受法律保护的，不允许任何单位、人个拒绝、阻碍计划生育工作，否则要依法承担相应的法律责任。

本条对以下两种违法行为规定了法律责任：

一是拒绝计划生育行政部门及其工作人员依法执行公务的。主要是指按照法律、法规的规定，有配合计划生育工作义务的单位、个人对计划生育工作人员执行公务不予配合，拒不执行计划生育行政部门作出的有关行政决定的一种不作为的违法行为，如某公民出现了超生子女的行为，依照人口与计划生育法的规定，要依法缴纳社会抚养费，如果该公民对计划生育部门作出的对其征收社会抚养费的行政决定不予执行，或者不予按时、全部执行，即为拒绝计划生育工作的违法行为。对于拒绝计划生育行政部门及其工作人员执行公务的行为，由于其情节相对于以积极作为的方式进行阻碍的违法行为轻微，当事人主观恶性不大，可由当地的计划生育部门对当事人进行批评教育，予以制止。

二是阻碍计划生育行政部门及其工作人员依法执行公务的。主要表现为在计划生育行政部门及其工作人员执行公务时，采取一定的方式进行阻碍的违法行为，其中既包括以暴力、威胁的方式进行阻碍的犯罪行为，也包括未使用暴力、威胁的方式进行阻碍的一般违法行为。这里的“暴力”是指对执行公务人员的人身进行打击或强制，如捆绑、围攻、殴打等，但不包括重伤、杀害在内；“威胁”是指以口头或书面的形式，对依法执行职务的计划生育工作人员以实施伤害、杀害、毁坏财产、破坏名誉等相威逼或胁迫，使其放弃执行自己的职务。

这里应当指出的是，当事人使用暴力、威胁的方法对计划生育部门及其工作人员进行阻碍的构成妨碍公务罪，要依据刑法追究相应的刑事责任；当事人未使用暴力、威胁的方法对计划生育工作进行阻碍的，则不构成犯罪，属于违反治安管理处罚法的一般违法行为，要依据治安管理处罚法的规定，由公安机关予以行政处罚。

我国计划生育工作经过近四十多年的努力，取得了举世瞩目的成就，广大计划生育干部，特别是基层计划生育干部为此做出了很大贡献，对他们依法执行公务的合法权益必须要依法予以保护。在执法实践中，有的当事人由于对计划生育政策不理解，从而对计划生育执法予以拒绝、阻碍，有的甚至使用了暴力、威胁的方法进行阻碍，破坏了计划生育正常的管理秩序，侵犯了国家机关正常的公务活动，要依法追究相应的行政责任和刑事责任：

一是行政责任。治安管理处罚法第50条规定，阻碍国家机关工作人员依法执行职务的，处警告或者二百元以下罚款；情节严重的，处五日以上十日以下拘留，可以并处五百元以下罚款。

行政拘留，在学理上称为人身罚，是公安机关对违反治安管理的当事人，在短期内限制其人身自由的处罚形式。行政拘留是行政处罚中最严厉的处罚种类，根据治安管理处罚法的规定，只有县级以上公安机关才具有行政拘留的决定权。行政拘留一般适用于严重违反治安管理的行为人，只有在使用警告和罚款的处罚手段不足以惩治违法者时才适用行政拘留的处罚。对于怀孕或正在哺乳自己不满一周岁婴儿的妇女，不执行行政拘留处罚。

二是刑事责任。依照刑法第277条的规定，以暴力、威胁方法阻碍国家机关工作人员依法执行职务的，处三年以下有期徒刑、拘役、管制或者罚金。这里应当指出的是，如果行为人在使用暴力阻碍计划生育工作人员执行公务的过程中，造成计划生育工作人员重伤、死亡的，则牵连触犯了故意伤害罪或故意杀人罪，应按照牵连犯的处罚原则，从一重罪处断。

还应当指出的是，对以报复为目的，侵犯计划生育工作人员人身权、财产权等合法权益的违法行为，以及采用强占、封锁、哄闹等手段，聚众扰乱计划生育工作机关和从事计划生育技术服务的机构的正常工作秩序，致使这些单位无法正常开展工作的违法行为，也要追究相应的法律责任：不构成犯罪的，要依据治安管理处罚法的规定予以行政处罚；构成犯罪的，要依据刑法的有关规定追究相应的刑事责任。

相关规定

《中华人民共和国治安管理处罚法》第 21 条、第 50 条、第 91 条；《中华人民共和国刑法》第 277 条。

第四十四条 公民、法人或者其他组织认为行政机关在实施计划生育管理过程中侵犯其合法权益，可以依法申请行政复议或者提起行政诉讼。

条文主旨

本条是关于行政机关在计划生育管理过程中侵犯相对人合法权益的救济途径的规定。

条文解读

在计划生育管理过程中，有些地方存在计划生育干部滥用职权、执法手段粗暴、以罚代管的现象。在立法过程中，有的意见提出，对于行政机关在计划生育管理过程中侵犯公民合法权益的，应当规定法律救济途径。因此，作了本条规定。

本法第4条规定，各级人民政府及其工作人员在推行计划生育工作中应当严格依法行政，文明执法，不得侵犯公民的合法权益。从本法规定的内容看，相对人认为行政机关在实施计划生育管理过程中侵犯其合法权益的情况主要有以下几种情况：一是认为应当免费为其提供国家规定的基本项目的计划生育技术服务而未提供的。本法第21条第1款规定，实行计划生育的育龄夫妻免费享受国家规定的基本项目的计划生育技术服务。二是认为应当给予奖励、扶助、支持、照顾而未给予的。本法第23条规定，国家对实行计划生育的夫妻，按照规定给予奖励。第26规定，妇女怀孕、生育和哺乳期间，按照国家有关规定享受特殊劳动保护并可以获得帮助和补偿。公民实行计划生育手术，享受国家规定的休假；地方人民政府可以给予奖励。第27条规定，获得《独生子女父母光荣证》的夫妻，按照国家和省、自治区、直辖市有关规定享受独生子女父母奖励。获得《独生子女父母光荣证》的夫妻，独生子女发生意外伤残、死亡的，按照规定获得扶助。在国家提倡一对夫妻生育一个子女期间，按照规定应当享受计划生育家庭老年人奖励扶助的，继续享受相关奖励扶助。第 28 条规定，地方各级人民政府对农村实行计划生育的家庭发展经济，给予资金、技术、培训等方面的支持、优惠；对实行计划生育的贫困家庭，在扶贫贷款、以工代赈、扶贫项目和社会救济等方面给予优先照顾。三是认为行政机关违法实施行政处罚、征收社会抚养费的。本法第 36 条、第 37 条对一些违反本法的行为规定了行政处罚。第 41 条规定，不符合本法第 18 条规定生育子女的公民，应当依法缴纳社会抚养费。四是对强制执行不服的。本法第 41 条规定，未在规定的期限内足额缴纳应当缴纳的社会抚养费的，自欠缴之日起，按照国家有关规定加收滞纳金；仍不缴纳的，由作出征收决定的计划生育行政部门依法向人民法院申请强制执行。

本法第 44 条规定，公民、法人或者其他组织认为行政机关在实施计划生育管理过程中侵犯其合法权益，可以依法申请行政复议或者提起行政诉讼。

行政复议是指公民、法人或者其他组织不服行政机关作出的行政行为，向行政复议机关提出申请，请求重新审查并纠正原行政行为，行政复议机关据此对行政机关的行政行为是否合法、适当进行审查并作出决定的法律制度。行政诉讼是指公民、法人或者其他组织认为行政机关和行政机关工作人员作出的行政行为侵犯其合法权益而向人民法院提起的诉讼。行政复议与行政诉讼都是法律救济制度，其目的都是补救行政行为所引起的消极后果，恢复行政行为侵害的利益。

行政复议法是规范行政复议活动的基本法律。根据行政复议法的规定，公民、法人或者其他组织认为行政机关在实施计划生育管理过程中侵犯其合法权益的，可以自知道该行政行为之日起六十日内，向作出该行政行为的计划生育部门的本级人民政府或者上一级计划生育行政部门提出行政复议申请。行政复议机关接到复议申请后，应当在五日内进行审查，对不符合行政复议法规定的申请，决定不予受理，并书面告知申请人；对符合行政复议法规定，但是不属于本机关受理的行政复议申请，应当告知申请人向有关行政复议机关提出。除前述规定的情形外，行政复议申请自行政复议机关负责法制工作的机构收到之日起即为受理。行政复议机关一般应当自受理申请之日起六十日内作出行政复议决定。

行政诉讼法是规范行政诉讼活动的基本法律。根据行政诉讼法的规定，对属于人民法院受案范围的行政案件，公民、法人或者其他组织可以先向行政机关申请复议，对复议决定不服的，再向人民法院提起诉讼；也可以直接向人民法院提起诉讼。公民、法人或者其他组织不服复议决定的，可以在收到复议决定书之日起十五日内向人民法院提起诉讼。复议机关逾期不作决定的，申请人可以在复议期满之日起十五日内向人民法院提起诉讼。法律另有规定的除外。公民、法人或者其他组织直接向人民法院提起诉讼的，应当自知道或者应当知道作出行政行为之日起六个月内提出。法律另有规定的除外。对适用普通程序的案件，人民法院一般应当在立案之日起六个月内作出第一审判决。

相关规定

《中华人民共和国人口与计划生育法》第 4 条、第 20 条、第 23 条、第 26 条、第 27 条、第 28 条、第 36 条、第 37 条、第 41 条、第 44 条；《中华人民共和国行政复议法》；《中华人民共和国行政诉讼法》第 44 ~46 条。

第七章 附 则

第四十五条 流动人口计划生育工作的具体管理办法、计划生育技术服务的具体管理办法和社会抚养费的征收管理办法，由国务院制定。

条文主旨

本条是关于授权国务院制定相关管理办法的规定。

条文解读

一是授权国务院制定流动人口计划生育工作的具体管理办法。流动人口的计划生育问题是当前计划生育工作中的难点。本法第 14 条对流动人口的计划生育工作由谁负责和管理的问题作了原则规定，流动人口的计划生育工作由其户籍所在地和现居住地的人民政府共同负责管理，以现居住地为主。同时，授权国务院制定流动人口计划生育工作的具体管理办法。

根据授权，国务院制定了《流动人口计划生育工作条例》，自2009年10月1日起施行。根据条例规定，流动人口，是指离开户籍所在地的县、市或者市辖区，以工作、生活为目的异地居住的成年育龄人员。县级以上地方人民政府领导本行政区域内流动人口计划生育工作，将流动人口计划生育工作纳入本地经济社会发展规划，并提供必要的保障；建立健全流动人口计划生育工作协调机制，组织协调有关部门对流动人口计划生育工作实行综合管理；实行目标管理责任制，对有关部门承担的流动人口计划生育工作进行考核、监督。流动人口计划生育工作由流动人口户籍所在地和现居住地的人民政府共同负责，以现居住地人民政府为主，户籍所在地人民政府予以配合。流动人口中的成年育龄妇女在离开户籍所在地前，应当凭本人居民身份证到户籍所在地的乡（镇）人民政府或者街道办事处办理婚育证明。成年育龄妇女应当自到达现居住地之日起30日内提交婚育证明。流动人口在现居住地享受规定的计划生育服务和奖励、优待。

二是授权国务院制定计划生育技术服务的具体管理办法。计划生育技术服务不仅是落实计划生育基本国策的重要技术保障，而且直接关系广大人民群众的身心健康和家庭幸福。本法第5章设专章对计划生育技术服务进行了规定，同时，授权国务院制定计划生育技术服务的具体管理办法。

根据授权，2001年，国务院制定了《计划生育技术服务管理条例》，并于2004年进行了修改。条例对计划生育技术服务、从事服务的机构及其人员等作了规定。根据条例规定，计划生育技术服务包括计划生育技术指导、咨询以及与计划生育有关的临床医疗服务。从事计划生育技术服务的机构包括计划生育技术服务机构和从事计划生育技术服务的医疗、保健机构。条例还就规范计划生育技术服务活动作了规定。

三是授权国务院制定社会抚养费的征收管理办法。本法第41条对社会抚养费的征收作了原则规定，不符合本法第18条规定生育子女的公民，应当依法缴纳社会抚养费。同时，授权国务院制定社会抚养费的征收管理办法。

根据授权，国务院制定了《社会抚养费征收管理办法》，自2002年9月1日起施行。根据办法规定，社会抚养费的征收标准，分别以当地城镇居民年人均可支配收入和农村居民年人均纯收入为计征的参考基本标准，结合当事人的实际收入水平和不符合法律、法规规定生育子女的情节，确定征收数额。社会抚养费的具体征收标准由省、自治区、直辖市规定。社会抚养费的征收，由县级人民政府计划生育行政部门作出书面征收决定；县级人民政府计划生育行政部门可以委托乡（镇）人民政府或者街道办事处作出书面征收决定。社会抚养费的具体征收、缴纳方式，由省、自治区、直辖市根据当地实际情况规定。

相关规定

《社会抚养费征收管理办法》；《计划生育技术服务管理条例》；《流动人口计划生育工作条例》。

第四十六条 中国人民解放军执行本法的具体办法，由中央军事委员会依据本法制定。

条文主旨

本条是关于由中共中央军事委员会（以下简称中央军委）制定中国人民解放军执行人口与计划生育法具体办法的规定。

立法背景

军队作为一个特殊的界别，其人员分布全国各个地区，还有不少育龄双军人夫妻，无法纳入地方计划生育管理体系。鉴于军队计划生育工作的特殊性，其计划生育工作与地方有不同的特点，需要由中央军委另行制定中国人民解放军执行本法的具体办法，以加强对军队计划生育工作的统一领导和管理，更好地贯彻本法。

条文解读

2003 年，为了加强军队的计划生育工作，中央军委颁布了《中国人民解放军计划生育条例》，适用于全军所有单位和人员。该条例共分七章，四十三条，分别规定了总则、机构与职责、生育调节、技术服务、优待与奖励、法律责任的内容。根据条例，军队所有单位必须贯彻执行国家和军队有关计划生育的法律、法规和规章，加强对计划生育工作的领导，健全组织机构，保障必要的工作经费，实行目标管理责任制，依法管理计划生育。军队人员应当遵守国家和军队有关计划生育的法律、法规和规章，自觉实行计划生育。全军的计划生育工作，由中国人民解放军计划生育领导小组组织领导。军队计划生育工作贯彻宣传教育为主、避孕为主、经常性工作为主的方针，坚持与部队全面建设相结合，与官兵成长进步相结合，与建立文明幸福家庭相结合。

本条规定由中央军委依据本法制定中国人民解放军执行本法的具体办法，也就是说，中央军委制定的办法必须要以本法为依据，遵守本法确定的基本原则，如国家采取综合措施，控制人口数量，提高人口素质；国家依靠宣传教育、科学技术进步、综合服务、建立健全奖励和社会保障制度，开展人口与计划生育工作；开展人口与计划生育工作，应当与增加妇女受教育和就业机会、增进妇女健康、提高妇女地位相结合；各级人民政府及其工作人员在推行计划生育工作中应当严格依法行政，文明执法，不得侵犯公民的合法权益；计划生育行政部门及其工作人员依法执行公务受法律保护等。

2014年6月30日，为贯彻中央“单独二孩”政策和国家有关规定，中央军委颁布了《中央军委关于修改〈中国人民解放军计划生育条例〉的决定》，明确了军队人员“单独二孩”政策的标准条件、审批办法和服务管理等规定。为适应我国人口出现的重大转折性变化，党的十八届五中全会对现行生育政策再次进行了重大调整，将提倡一对夫妻生育一个子女改为全面实施一对夫妇可生育两个孩子的政策，这次修改人口与计划生育法，对一些重要制度作了修改。随着修改人口与计划生育法的决定的颁布实施，《中国人民解放军计划生育条例》也要再作相应的修改。

相关规定

《中国人民解放军计划生育条例》；《中央军委关于修改〈中国人民解放军计划生育条例〉的决定》。

第四十七条 本法自2002年9月1日起施行。

条文主旨

本条是关于法律施行日期的规定。

立法背景

法律的施行日期也就是法律的生效日期。正确理解法律的生效日期，是贯彻执行好法律不可缺少的条件。

条文解读

法律的生效日期，一般根据该项法律的性质和实际需要来决定，通常有三种方式：

第一种是法律条文中明确规定，从其公布之日起生效施行。这种方式一般在修订法律的情况下使用，考虑到是对现行法律的修改，所以法律修改决定或修正案一般自公布之日起施行。

第二种是法律公布后并不立即生效施行，需要经过一定时期后才开始生效施行，但在法律中明确规定该项法律的施行日期。

第三种是法律公布后，先予以试行，然后由立法部门予以补充修改，再通过为正式法律，予以公布施行，在试行期间该法律也具有约束力。如1982年第五届全国人民代表大会常务委员会第二十二次会议通过的《中华人民共和国民事诉讼法（试行）》，经过近十年的司法实践，才在1991年第七届全国人民代表大会第四次会议上通过了正式的《中华人民共和国民事诉讼法》。

还有一种特殊的生效形式，即法律的施行日期以其他法律的施行为条件，如 1986 年 12 月 2 日第六届全国人大常委会第十八次会议通过的《中华人民共和国企业破产法（试行）》第 43 条规定，“本法自全民所有制工业企业法实施满三个月之日起试行”。即《企业破产法》从 1986 年 12 月 2 日通过后要到 1988 年 11 月 1 日起试行。这样的法律施行日期，在十一届三中全会以后我国的法制建设刚刚恢复时多一些，到了 20 世纪 80 年代后期以及进入 20 世纪 90 年代以后，这样的情况就不多了。

在我国，绝大多数法律的生效施行采用的是上述第二种形式，即法律公布后并不立即生效施行，而是经过一段时间以后才生效施行，本法即是采用的这一形式，规定自 2002 年 9 月 1 日起施行。2015 年 12 月 27 日，十二届全国人大常委会第十八次会议审议通过了关于修改《中华人民共和国人口与计划生育法》的决定，该决定自 2016 年 1 月 1 日起施行。根据这一规定，经修改后的人口与计划生育法，内容未作改动的，生效日期为 2002 年 9 月 1 日；经过修改的条文，生效日期为 2016 年 1 月 1 日。

为了贯彻实施好新人口与计划生育法，有关方面要做好如下工作：一是要作好地方性法规的清理工作。根据立法法第 73 条规定，在国家制定的法律或者行政法规生效后，地方性法规同法律或者行政法规相抵触的规定无效，制定机关应当及时予以修改或者废止。二是要做好新法的宣传工作，使各级领导干部、计划生育工作人员、社会公众及时了解关于计划生育新的政策措施、规章制度和管理方法，通过学习和宣传，促进和推动新法的贯彻实施。

附录

一、法律规定（附新旧对照表）

中华人民共和国人口与计划生育法

（2001 年 12 月 29 日第九届全国人民代表大会常务委员会第二十五次会议通过　根据 2015 年 12 月 27 日第十二届全国人民代表大会常务委员会第十八次会议《关于修改〈中华人民共和国人口与计划生育法〉的决定》修正）

目　　录

第一章　总　　则

第一条　为了实现人口与经济、社会、资源、环境的协调发展，推行计划生育，维护公民的合法权益，促进家庭幸福、民族繁荣与社会进步，根据宪法，制定本法。

第二条 我国是人口众多的国家，实行计划生育是国家的基本国策。

国家采取综合措施，控制人口数量，提高人口素质。

国家依靠宣传教育、科学技术进步、综合服务、建立健全奖励和社会保障制度，开展人口与计划生育工作。

第三条 开展人口与计划生育工作，应当与增加妇女受教育和就业机会、增进妇女健康、提高妇女地位相结合。

第四条 各级人民政府及其工作人员在推行计划生育工作中应当严格依法行政，文明执法，不得侵犯公民的合法权益。

计划生育行政部门及其工作人员依法执行公务受法律保护。

第五条 国务院领导全国的人口与计划生育工作。

地方各级人民政府领导本行政区域内的人口与计划生育工作。

第六条 国务院计划生育行政部门负责全国计划生育工作和与计划生育有关的人口工作。

县级以上地方各级人民政府计划生育行政部门负责本行政区域内的计划生育工作和与计划生育有关的人口工作。

县级以上各级人民政府其他有关部门在各自的职责范围内，负责有关的人口与计划生育工作。

第七条 工会、共产主义青年团、妇女联合会及计划生育协会等社会团体、企业事业组织和公民应当协助人民政府开展人口与计划生育工作。

第八条 国家对在人口与计划生育工作中作出显著成绩的组织和个人，给予奖励。

第二章 人口发展规划的制定与实施

第九条 国务院编制人口发展规划，并将其纳入国民经济和社会发展计划。

县级以上地方各级人民政府根据全国人口发展规划以及上一级人民政府人口发展规划，结合当地实际情况编制本行政区域的人口发展规划，并将其纳入国民经济和社会发展计划。

第十条 县级以上各级人民政府根据人口发展规划，制定人口与计划生育实施方案并组织实施。

县级以上各级人民政府计划生育行政部门负责实施人口与计划生育实施方案的日常工作。

乡、民族乡、镇的人民政府和城市街道办事处负责本管辖区域内的人口与计划生育工作，贯彻落实人口与计划生育实施方案。

第十一条 人口与计划生育实施方案应当规定控制人口数量，加强母婴保健，提高人口素质的措施。

第十二条 村民委员会、居民委员会应当依法做好计划生育工作。

机关、部队、社会团体、企业事业组织应当做好本单位的计划生育工作。

第十三条 计划生育、教育、科技、文化、卫生、民政、新闻出版、广播电视等部门应当组织开展人口与计划生育宣传教育。

大众传媒负有开展人口与计划生育的社会公益性宣传的义务。

学校应当在学生中，以符合受教育者特征的适当方式，有计划地开展生理卫生教育、青春期教育或者性健康教育。

第十四条 流动人口的计划生育工作由其户籍所在地和现居住地的人民政府共同负责管理，以现居住地为主。

第十五条 国家根据国民经济和社会发展状况逐步提高人口与计划生育经费投入的总体水平。各级人民政府应当保障人口与计划生育工作必要的经费。

各级人民政府应当对贫困地区、少数民族地区开展人口与计划生育工作给予重点扶持。

国家鼓励社会团体、企业事业组织和个人为人口与计划生育工作提供捐助。

任何单位和个人不得截留、克扣、挪用人口与计划生育工作费用。

第十六条 国家鼓励开展人口与计划生育领域的科学研究和对外交流与合作。

第三章 生育调节

第十七条 公民有生育的权利，也有依法实行计划生育的义务，夫妻双方在实行计划生育中负有共同的责任。

第十八条 国家提倡一对夫妻生育两个子女。

符合法律、法规规定条件的，可以要求安排再生育子女。具体办法由省、自治区、直辖市人民代表大会或者其常务委员会规定。

少数民族也要实行计划生育，具体办法由省、自治区、直辖市人民代表大会或者其常务委员会规定。

夫妻双方户籍所在地的省、自治区、直辖市之间关于再生育子女的规定不一致的，按照有利于当事人的原则适用。

第十九条 实行计划生育，以避孕为主。

国家创造条件，保障公民知情选择安全、有效、适宜的避孕节育措施。实施避孕节育手术，应当保证受术者的安全。

第二十条 育龄夫妻自主选择计划生育避孕节育措施，预防和减少非意愿妊娠。

第二十一条 实行计划生育的育龄夫妻免费享受国家规定的基本项目的计划生育技术服务。

前款规定所需经费，按照国家有关规定列入财政预算或者由社会保险予以保障。

第二十二条 禁止歧视、虐待生育女婴的妇女和不育的妇女。

禁止歧视、虐待、遗弃女婴。

第四章 奖励与社会保障

第二十三条 国家对实行计划生育的夫妻，按照规定给予奖励。

第二十四条 国家建立、健全基本养老保险、基本医疗保险、生育保险和社会福利等社会保障制度，促进计划生育。

国家鼓励保险公司举办有利于计划生育的保险项目。

有条件的地方可以根据政府引导、农民自愿的原则，在农村实行多种形式的养老保障办法。

第二十五条 符合法律、法规规定生育子女的夫妻，可以获得延长生育假的奖励或者其他福利待遇。

第二十六条 妇女怀孕、生育和哺乳期间，按照国家有关规定享受特殊劳动保护并可以获得帮助和补偿。

公民实行计划生育手术，享受国家规定的休假；地方人民政府可以给予奖励。

第二十七条 在国家提倡一对夫妻生育一个子女期间，自愿终身只生育一个子女的夫妻，国家发给《独生子女父母光荣证》。

获得《独生子女父母光荣证》的夫妻，按照国家和省、自治区、直辖市有关规定享受独生子女父母奖励。

法律、法规或者规章规定给予获得《独生子女父母光荣证》的夫妻奖励的措施中由其所在单位落实的，有关单位应当执行。

获得《独生子女父母光荣证》的夫妻，独生子女发生意外伤残、死亡的，按照规定获得扶助。

在国家提倡一对夫妻生育一个子女期间，按照规定应当享受计划生育家庭老年人奖励扶助的，继续享受相关奖励扶助。

第二十八条 地方各级人民政府对农村实行计划生育的家庭发展经济，给予资金、技术、培训等方面的支持、优惠；对实行计划生育的贫困家庭，在扶贫贷款、以工代赈、扶贫项目和社会救济等方面给予优先照顾。

第二十九条 本章规定的奖励措施，省、自治区、直辖市和较大的市的人民代表大会及其常务委员会或者人民政府可以依据本法和有关法律、行政法规的规定，结合当地实际情况，制定具体实施办法。

第五章 计划生育技术服务

第三十条 国家建立婚前保健、孕产期保健制度，防止或者减少出生缺陷，提高出生婴儿健康水平。

第三十一条 各级人民政府应当采取措施，保障公民享有计划生育技术服务，提高公民的生殖健康水平。

第三十二条 地方各级人民政府应当合理配置、综合利用卫生资源，建立、健全由计划生育技术服务机构和从事计划生育技术服务的医疗、保健机构组成的计划生育技术服务网络，改善技术服务设施和条件，提高技术服务水平。

第三十三条 计划生育技术服务机构和从事计划生育技术服务的医疗、保健机构应当在各自的职责范围内，针对育龄人群开展人口与计划生育基础知识宣传教育，对已婚育龄妇女开展孕情检查、随访服务工作，承担计划生育、生殖保健的咨询、指导和技术服务。

第三十四条 计划生育技术服务人员应当指导实行计划生育的公民选择安全、有效、适宜的避孕措施。

对已生育子女的夫妻，提倡选择长效避孕措施。

国家鼓励计划生育新技术、新药具的研究、应用和推广。

第三十五条 严禁利用超声技术和其他技术手段进行非医学需要的胎儿性别鉴定；严禁非医学需要的选择性别的人工终止妊娠。

第六章 法律责任

第三十六条 违反本法规定，有下列行为之一的，由计划生育行政部门或者卫生行政部门依据职权责令改正，给予警告，没收违法所得；违法所得一万元以上的，处违法所得二倍以上六倍以下的罚款；没有违法所得或者违法所得不足一万元的，处一万元以上三万元以下的罚款；情节严重的，由原发证机关吊销执业证书；构成犯罪的，依法追究刑事责任：

（一）非法为他人施行计划生育手术的；

（二）利用超声技术和其他技术手段为他人进行非医学需要的胎儿性别鉴定或者选择性别的人工终止妊娠的；

（三）进行假医学鉴定、出具假计划生育证明的。

第三十七条 伪造、变造、买卖计划生育证明，由计划生育行政部门没收违法所得，违法所得五千元以上的，处违法所得二倍以上十倍以下的罚款；没有违法所得或者违法所得不足五千元的，处五千元以上二万元以下的罚款；构成犯罪的，依法追究刑事责任。

以不正当手段取得计划生育证明的，由计划生育行政部门取消其计划生育证明；出具证明的单位有过错的，对直接负责的主管人员和其他直接责任人员依法给予行政处分。

第三十八条 计划生育技术服务人员违章操作或者延误抢救、诊治，造成严重后果的，依照有关法律、行政法规的规定承担相应的法律责任。

第三十九条 国家机关工作人员在计划生育工作中，有下列行为之一，构成犯罪的，依法追究刑事责任；尚不构成犯罪的，依法给予行政处分；有违法所得的，没收违法所得：

（一）侵犯公民人身权、财产权和其他合法权益的；

（二）滥用职权、玩忽职守、徇私舞弊的；

（三）索取、收受贿赂的；

（四）截留、克扣、挪用、贪污计划生育经费或者社会抚养费的；

（五）虚报、瞒报、伪造、篡改或者拒报人口与计划生育统计数据的。

第四十条 违反本法规定，不履行协助计划生育管理义务的，由有关地方人民政府责令改正，并给予通报批评；对直接负责的主管人员和其他直接责任人员依法给予行政处分。

第四十一条 不符合本法第十八条规定生育子女的公民，应当依法缴纳社会抚养费。

未在规定的期限内足额缴纳应当缴纳的社会抚养费的，自欠缴之日起，按照国家有关规定加收滞纳金；仍不缴纳的，由作出征收决定的计划生育行政部门依法向人民法院申请强制执行。

第四十二条 按照本法第四十一条规定缴纳社会抚养费的人员，是国家工作人员的，还应当依法给予行政处分；其他人员还应当由其所在单位或者组织给予纪律处分。

第四十三条 拒绝、阻碍计划生育行政部门及其工作人员依法执行公务的，由计划生育行政部门给予批评教育并予以制止；构成违反治安管理行为的，依法给予治安管理处罚；构成犯罪的，依法追究刑事责任。

第四十四条 公民、法人或者其他组织认为行政机关在实施计划生育管理过程中侵犯其合法权益，可以依法申请行政复议或者提起行政诉讼。

第七章　附　　则

第四十五条　流动人口计划生育工作的具体管理办法、计划生育技术服务的具体管理办法和社会抚养费的征收管理办法，由国务院制定。

第四十六条　中国人民解放军执行本法的具体办法，由中央军事委员会依据本法制定。

第四十七条　本法自 2002 年 9 月 1 日起施行。

《中华人民共和国人口与计划生育法》修正前后对照表

（条文中黑体字部分是对原条文所作的修改或者补充内容、波浪线表示原条文删掉的内容）

修 正 前	修 正 后
目　　录 第一章　总　　则 第二章　人口发展规划的制定与实施 第三章　生育调节 第四章　奖励与社会保障 第五章　计划生育技术服务 第六章　法律责任 第七章　附　　则	目　　录 第一章　总　　则 第二章　人口发展规划的制定与实施 第三章　生育调节 第四章　奖励与社会保障 第五章　计划生育技术服务 第六章　法律责任 第七章　附　　则
第一章　总　　则	**第一章　总　　则**
第一条　为了实现人口与经济、社会、资源、环境的协调发展，推行计划生育，维护公民的合法权益，促进家庭幸福、民族繁荣与社会进步，根据宪法，制定本法。	**第一条**　为了实现人口与经济、社会、资源、环境的协调发展，推行计划生育，维护公民的合法权益，促进家庭幸福、民族繁荣与社会进步，根据宪法，制定本法。
第二条　我国是人口众多的国家，实行计划生育是国家的基本国策。 国家采取综合措施，控制人口数量，提高人口素质。	**第二条**　我国是人口众多的国家，实行计划生育是国家的基本国策。 国家采取综合措施，控制人口数量，提高人口素质。

续 表

修 正 前	修 正 后
国家依靠宣传教育、科学技术进步、综合服务、建立健全奖励和社会保障制度，开展人口与计划生育工作。	国家依靠宣传教育、科学技术进步、综合服务、建立健全奖励和社会保障制度，开展人口与计划生育工作。
第三条 开展人口与计划生育工作，应当与增加妇女受教育和就业机会、增进妇女健康、提高妇女地位相结合。	**第三条** 开展人口与计划生育工作，应当与增加妇女受教育和就业机会、增进妇女健康、提高妇女地位相结合。
第四条 各级人民政府及其工作人员在推行计划生育工作中应当严格依法行政，文明执法，不得侵犯公民的合法权益。 计划生育行政部门及其工作人员依法执行公务受法律保护。	**第四条** 各级人民政府及其工作人员在推行计划生育工作中应当严格依法行政，文明执法，不得侵犯公民的合法权益。 计划生育行政部门及其工作人员依法执行公务受法律保护。
第五条 国务院领导全国的人口与计划生育工作。 地方各级人民政府领导本行政区域内的人口与计划生育工作。	**第五条** 国务院领导全国的人口与计划生育工作。 地方各级人民政府领导本行政区域内的人口与计划生育工作。
第六条 国务院计划生育行政部门负责全国计划生育工作和与计划生育有关的人口工作。 县级以上地方各级人民政府计划生育行政部门负责本行政区域内的计划生育工作和与计划生育有关的人口工作。 县级以上各级人民政府其他有关部门在各自的职责范围内，负责有关的人口与计划生育工作。	**第六条** 国务院计划生育行政部门负责全国计划生育工作和与计划生育有关的人口工作。 县级以上地方各级人民政府计划生育行政部门负责本行政区域内的计划生育工作和与计划生育有关的人口工作。 县级以上各级人民政府其他有关部门在各自的职责范围内，负责有关的人口与计划生育工作。

续　表

修 正 前	修 正 后
第七条　工会、共产主义青年团、妇女联合会及计划生育协会等社会团体、企业事业组织和公民应当协助人民政府开展人口与计划生育工作。	**第七条**　工会、共产主义青年团、妇女联合会及计划生育协会等社会团体、企业事业组织和公民应当协助人民政府开展人口与计划生育工作。
第八条　国家对在人口与计划生育工作中作出显著成绩的组织和个人，给予奖励。	**第八条**　国家对在人口与计划生育工作中作出显著成绩的组织和个人，给予奖励。
第二章　人口发展规划的制定与实施	**第二章　人口发展规划的制定与实施**
第九条　国务院编制人口发展规划，并将其纳入国民经济和社会发展计划。 县级以上地方各级人民政府根据全国人口发展规划以及上一级人民政府人口发展规划，结合当地实际情况编制本行政区域的人口发展规划，并将其纳入国民经济和社会发展计划。	**第九条**　国务院编制人口发展规划，并将其纳入国民经济和社会发展计划。 县级以上地方各级人民政府根据全国人口发展规划以及上一级人民政府人口发展规划，结合当地实际情况编制本行政区域的人口发展规划，并将其纳入国民经济和社会发展计划。
第十条　县级以上各级人民政府根据人口发展规划，制定人口与计划生育实施方案并组织实施。 县级以上各级人民政府计划生育行政部门负责实施人口与计划生育实施方案的日常工作。 乡、民族乡、镇的人民政府和城市街道办事处负责本管辖区域内的人口与计划生育工作，贯彻落实人口与计划生育实施方案。	**第十条**　县级以上各级人民政府根据人口发展规划，制定人口与计划生育实施方案并组织实施。 县级以上各级人民政府计划生育行政部门负责实施人口与计划生育实施方案的日常工作。 乡、民族乡、镇的人民政府和城市街道办事处负责本管辖区域内的人口与计划生育工作，贯彻落实人口与计划生育实施方案。

续 表

修正前	修正后
第十一条 人口与计划生育实施方案应当规定控制人口数量，加强母婴保健，提高人口素质的措施。	**第十一条** 人口与计划生育实施方案应当规定控制人口数量，加强母婴保健，提高人口素质的措施。
第十二条 村民委员会、居民委员会应当依法做好计划生育工作。 机关、部队、社会团体、企业事业组织应当做好本单位的计划生育工作。	**第十二条** 村民委员会、居民委员会应当依法做好计划生育工作。 机关、部队、社会团体、企业事业组织应当做好本单位的计划生育工作。
第十三条 计划生育、教育、科技、文化、卫生、民政、新闻出版、广播电视等部门应当组织开展人口与计划生育宣传教育。 大众传媒负有开展人口与计划生育的社会公益性宣传的义务。 学校应当在学生中，以符合受教育者特征的适当方式，有计划地开展生理卫生教育、青春期教育或者性健康教育。	**第十三条** 计划生育、教育、科技、文化、卫生、民政、新闻出版、广播电视等部门应当组织开展人口与计划生育宣传教育。 大众传媒负有开展人口与计划生育的社会公益性宣传的义务。 学校应当在学生中，以符合受教育者特征的适当方式，有计划地开展生理卫生教育、青春期教育或者性健康教育。
第十四条 流动人口的计划生育工作由其户籍所在地和现居住地的人民政府共同负责管理，以现居住地为主。	**第十四条** 流动人口的计划生育工作由其户籍所在地和现居住地的人民政府共同负责管理，以现居住地为主。
第十五条 国家根据国民经济和社会发展状况逐步提高人口与计划生育经费投入的总体水平。各级人民政府应当保障人口与计划生育工作必要的经费。	**第十五条** 国家根据国民经济和社会发展状况逐步提高人口与计划生育经费投入的总体水平。各级人民政府应当保障人口与计划生育工作必要的经费。

修 正 前	修 正 后
各级人民政府应当对贫困地区、少数民族地区开展人口与计划生育工作给予重点扶持。 国家鼓励社会团体、企业事业组织和个人为人口与计划生育工作提供捐助。 任何单位和个人不得截留、克扣、挪用人口与计划生育工作费用。	各级人民政府应当对贫困地区、少数民族地区开展人口与计划生育工作给予重点扶持。 国家鼓励社会团体、企业事业组织和个人为人口与计划生育工作提供捐助。 任何单位和个人不得截留、克扣、挪用人口与计划生育工作费用。
第十六条 国家鼓励开展人口与计划生育领域的科学研究和对外交流与合作。	**第十六条** 国家鼓励开展人口与计划生育领域的科学研究和对外交流与合作。
第三章 生 育 调 节	**第三章 生 育 调 节**
第十七条 公民有生育的权利，也有依法实行计划生育的义务，夫妻双方在实行计划生育中负有共同的责任。	**第十七条** 公民有生育的权利，也有依法实行计划生育的义务，夫妻双方在实行计划生育中负有共同的责任。
第十八条 国家稳定现行生育政策，鼓励公民晚婚晚育，提倡一对夫妻生育一个子女；符合法律、法规规定条件的，可以要求安排生育第二个子女。具体办法由省、自治区、直辖市人民代表大会或者其常务委员会规定。 少数民族也要实行计划生育，具体办法由省、自治区、直辖市人民代表大会或者其常务委员会规定。	**第十八条** 国家提倡一对夫妻生育**两个**子女。 符合法律、法规规定条件的，可以要求安排**再生育**子女。具体办法由省、自治区、直辖市人民代表大会或者其常务委员会规定。 少数民族也要实行计划生育，具体办法由省、自治区、直辖市人民代表大会或者其常务委员会规定。 **夫妻双方户籍所在地的省、自治区、直辖市之间关于再生育子女的规定不一致的，按照有利于当事人的原则适用。**

续表

修正前	修正后
第十九条 实行计划生育，以避孕为主。 国家创造条件，保障公民知情选择安全、有效、适宜的避孕节育措施。实施避孕节育手术，应当保证受术者的安全。	**第十九条** 实行计划生育，以避孕为主。 国家创造条件，保障公民知情选择安全、有效、适宜的避孕节育措施。实施避孕节育手术，应当保证受术者的安全。
第二十条 育龄夫妻应当自觉落实计划生育避孕节育措施，接受计划生育技术服务指导。 预防和减少非意愿妊娠。	**第二十条** 育龄夫妻**自主选择**计划生育避孕节育措施，预防和减少非意愿妊娠。
第二十一条 实行计划生育的育龄夫妻免费享受国家规定的基本项目的计划生育技术服务。 前款规定所需经费，按照国家有关规定列入财政预算或者由社会保险予以保障。	**第二十一条** 实行计划生育的育龄夫妻免费享受国家规定的基本项目的计划生育技术服务。 前款规定所需经费，按照国家有关规定列入财政预算或者由社会保险予以保障。
第二十二条 禁止歧视、虐待生育女婴的妇女和不育的妇女。 禁止歧视、虐待、遗弃女婴。	**第二十二条** 禁止歧视、虐待生育女婴的妇女和不育的妇女。 禁止歧视、虐待、遗弃女婴。
第四章 奖励与社会保障	**第四章 奖励与社会保障**
第二十三条 国家对实行计划生育的夫妻，按照规定给予奖励。	**第二十三条** 国家对实行计划生育的夫妻，按照规定给予奖励。
第二十四条 国家建立、健全基本养老保险、基本医疗保险、生育保险和社会福利等社会保障制度，促进计划生育。 国家鼓励保险公司举办有利于计划生育的保险项目。	**第二十四条** 国家建立、健全基本养老保险、基本医疗保险、生育保险和社会福利等社会保障制度，促进计划生育。 国家鼓励保险公司举办有利于计划生育的保险项目。

续 表

修正前	修正后
有条件的地方可以根据政府引导、农民自愿的原则，在农村实行多种形式的养老保障办法。	有条件的地方可以根据政府引导、农民自愿的原则，在农村实行多种形式的养老保障办法。
第二十五条 公民晚婚晚育，可以获得延长婚假、生育假的奖励或者其他福利待遇。	**第二十五条** **符合法律、法规规定生育子女的夫妻**，可以获得延长生育假的奖励或者其他福利待遇。
第二十六条 妇女怀孕、生育和哺乳期间，按照国家有关规定享受特殊劳动保护并可以获得帮助和补偿。 公民实行计划生育手术，享受国家规定的休假；地方人民政府可以给予奖励。	**第二十六条** 妇女怀孕、生育和哺乳期间，按照国家有关规定享受特殊劳动保护并可以获得帮助和补偿。 公民实行计划生育手术，享受国家规定的休假；地方人民政府可以给予奖励。
第二十七条 自愿终身只生育一个子女的夫妻，国家发给《独生子女父母光荣证》。 获得《独生子女父母光荣证》的夫妻，按照国家和省、自治区、直辖市有关规定享受独生子女父母奖励。 法律、法规或者规章规定给予终身只生育一个子女的夫妻奖励的措施中由其所在单位落实的，有关单位应当执行。 独生子女发生意外伤残、死亡，其父母不再生育和收养子女的，地方人民政府应当给予必要的帮助。	**第二十七条** **在国家提倡一对夫妻生育一个子女期间**，自愿终身只生育一个子女的夫妻，国家发给《独生子女父母光荣证》。 获得《独生子女父母光荣证》的夫妻，按照国家和省、自治区、直辖市有关规定享受独生子女父母奖励。 法律、法规或者规章规定给予**获得《独生子女父母光荣证》**的夫妻奖励的措施中由其所在单位落实的，有关单位应当执行。 **获得《独生子女父母光荣证》的夫妻**，独生子女发生意外伤残、死亡的，**按照规定获得扶助**。

续　表

修正前	修正后
	在国家提倡一对夫妻生育一个子女期间，按照规定应当享受计划生育家庭老年人奖励扶助的，继续享受相关奖励扶助。
第二十八条　地方各级人民政府对农村实行计划生育的家庭发展经济，给予资金、技术、培训等方面的支持、优惠；对实行计划生育的贫困家庭，在扶贫贷款、以工代赈、扶贫项目和社会救济等方面给予优先照顾。	**第二十八条**　地方各级人民政府对农村实行计划生育的家庭发展经济，给予资金、技术、培训等方面的支持、优惠；对实行计划生育的贫困家庭，在扶贫贷款、以工代赈、扶贫项目和社会救济等方面给予优先照顾。
第二十九条　本章规定的奖励措施，省、自治区、直辖市和较大的市的人民代表大会及其常务委员会或者人民政府可以依据本法和有关法律、行政法规的规定，结合当地实际情况，制定具体实施办法。	**第二十九条**　本章规定的奖励措施，省、自治区、直辖市和较大的市的人民代表大会及其常务委员会或者人民政府可以依据本法和有关法律、行政法规的规定，结合当地实际情况，制定具体实施办法。
第五章　计划生育技术服务	**第五章　计划生育技术服务**
第三十条　国家建立婚前保健、孕产期保健制度，防止或者减少出生缺陷，提高出生婴儿健康水平。	**第三十条**　国家建立婚前保健、孕产期保健制度，防止或者减少出生缺陷，提高出生婴儿健康水平。
第三十一条　各级人民政府应当采取措施，保障公民享有计划生育技术服务，提高公民的生殖健康水平。	**第三十一条**　各级人民政府应当采取措施，保障公民享有计划生育技术服务，提高公民的生殖健康水平。

续 表

修正前	修正后
第三十二条 地方各级人民政府应当合理配置、综合利用卫生资源，建立、健全由计划生育技术服务机构和从事计划生育技术服务的医疗、保健机构组成的计划生育技术服务网络，改善技术服务设施和条件，提高技术服务水平。	**第三十二条** 地方各级人民政府应当合理配置、综合利用卫生资源，建立、健全由计划生育技术服务机构和从事计划生育技术服务的医疗、保健机构组成的计划生育技术服务网络，改善技术服务设施和条件，提高技术服务水平。
第三十三条 计划生育技术服务机构和从事计划生育技术服务的医疗、保健机构应当在各自的职责范围内，针对育龄人群开展人口与计划生育基础知识宣传教育，对已婚育龄妇女开展孕情检查、随访服务工作，承担计划生育、生殖保健的咨询、指导和技术服务。	**第三十三条** 计划生育技术服务机构和从事计划生育技术服务的医疗、保健机构应当在各自的职责范围内，针对育龄人群开展人口与计划生育基础知识宣传教育，对已婚育龄妇女开展孕情检查、随访服务工作，承担计划生育、生殖保健的咨询、指导和技术服务。
第三十四条 计划生育技术服务人员应当指导实行计划生育的公民选择安全、有效、适宜的避孕措施。 对已生育子女的夫妻，提倡选择长效避孕措施。 国家鼓励计划生育新技术、新药具的研究、应用和推广。	**第三十四条** 计划生育技术服务人员应当指导实行计划生育的公民选择安全、有效、适宜的避孕措施。 对已生育子女的夫妻，提倡选择长效避孕措施。 国家鼓励计划生育新技术、新药具的研究、应用和推广。
第三十五条 严禁利用超声技术和其他技术手段进行非医学需要的胎儿性别鉴定；严禁非医学需要的选择性别的人工终止妊娠。	**第三十五条** 严禁利用超声技术和其他技术手段进行非医学需要的胎儿性别鉴定；严禁非医学需要的选择性别的人工终止妊娠。

续 表

修正前	修正后
第六章 法律责任	**第六章 法律责任**
第三十六条 违反本法规定，有下列行为之一的，由计划生育行政部门或者卫生行政部门依据职权责令改正，给予警告，没收违法所得；违法所得一万元以上的，处违法所得二倍以上六倍以下的罚款；没有违法所得或者违法所得不足一万元的，处一万元以上三万元以下的罚款；情节严重的，由原发证机关吊销执业证书；构成犯罪的，依法追究刑事责任： （一）非法为他人施行计划生育手术的； （二）利用超声技术和其他技术手段为他人进行非医学需要的胎儿性别鉴定或者选择性别的人工终止妊娠的； （三）实施假节育手术、进行假医学鉴定、出具假计划生育证明的。	**第三十六条** 违反本法规定，有下列行为之一的，由计划生育行政部门或者卫生行政部门依据职权责令改正，给予警告，没收违法所得；违法所得一万元以上的，处违法所得二倍以上六倍以下的罚款；没有违法所得或者违法所得不足一万元的，处一万元以上三万元以下的罚款；情节严重的，由原发证机关吊销执业证书；构成犯罪的，依法追究刑事责任： （一）非法为他人施行计划生育手术的； （二）利用超声技术和其他技术手段为他人进行非医学需要的胎儿性别鉴定或者选择性别的人工终止妊娠的； （三）进行假医学鉴定、出具假计划生育证明的。
第三十七条 伪造、变造、买卖计划生育证明，由计划生育行政部门没收违法所得，违法所得五千元以上的，处违法所得二倍以上十倍以下的罚款；没有违法所得或者违法所得不足五千元的，处五千元以上二万元以下的罚款；构成犯罪的，依法追究刑事责任。	**第三十七条** 伪造、变造、买卖计划生育证明，由计划生育行政部门没收违法所得，违法所得五千元以上的，处违法所得二倍以上十倍以下的罚款；没有违法所得或者违法所得不足五千元的，处五千元以上二万元以下的罚款；构成犯罪的，依法追究刑事责任。

续　表

修 正 前	修 正 后
以不正当手段取得计划生育证明的，由计划生育行政部门取消其计划生育证明；出具证明的单位有过错的，对直接负责的主管人员和其他直接责任人员依法给予行政处分。	以不正当手段取得计划生育证明的，由计划生育行政部门取消其计划生育证明；出具证明的单位有过错的，对直接负责的主管人员和其他直接责任人员依法给予行政处分。
第三十八条　计划生育技术服务人员违章操作或者延误抢救、诊治，造成严重后果的，依照有关法律、行政法规的规定承担相应的法律责任。	**第三十八条**　计划生育技术服务人员违章操作或者延误抢救、诊治，造成严重后果的，依照有关法律、行政法规的规定承担相应的法律责任。
第三十九条　国家机关工作人员在计划生育工作中，有下列行为之一，构成犯罪的，依法追究刑事责任；尚不构成犯罪的，依法给予行政处分；有违法所得的，没收违法所得： （一）侵犯公民人身权、财产权和其他合法权益的； （二）滥用职权、玩忽职守、徇私舞弊的； （三）索取、收受贿赂的； （四）截留、克扣、挪用、贪污计划生育经费或者社会抚养费的； （五）虚报、瞒报、伪造、篡改或者拒报人口与计划生育统计数据的。	**第三十九条**　国家机关工作人员在计划生育工作中，有下列行为之一，构成犯罪的，依法追究刑事责任；尚不构成犯罪的，依法给予行政处分；有违法所得的，没收违法所得： （一）侵犯公民人身权、财产权和其他合法权益的； （二）滥用职权、玩忽职守、徇私舞弊的； （三）索取、收受贿赂的； （四）截留、克扣、挪用、贪污计划生育经费或者社会抚养费的； （五）虚报、瞒报、伪造、篡改或者拒报人口与计划生育统计数据的。

续 表

修 正 前	修 正 后
第四十条 违反本法规定，不履行协助计划生育管理义务的，由有关地方人民政府责令改正，并给予通报批评；对直接负责的主管人员和其他直接责任人员依法给予行政处分。	**第四十条** 违反本法规定，不履行协助计划生育管理义务的，由有关地方人民政府责令改正，并给予通报批评；对直接负责的主管人员和其他直接责任人员依法给予行政处分。
第四十一条 不符合本法第十八条规定生育子女的公民，应当依法缴纳社会抚养费。 未在规定的期限内足额缴纳应当缴纳的社会抚养费的，自欠缴之日起，按照国家有关规定加收滞纳金；仍不缴纳的，由作出征收决定的计划生育行政部门依法向人民法院申请强制执行。	**第四十一条** 不符合本法第十八条规定生育子女的公民，应当依法缴纳社会抚养费。 未在规定的期限内足额缴纳应当缴纳的社会抚养费的，自欠缴之日起，按照国家有关规定加收滞纳金；仍不缴纳的，由作出征收决定的计划生育行政部门依法向人民法院申请强制执行。
第四十二条 按照本法第四十一条规定缴纳社会抚养费的人员，是国家工作人员的，还应当依法给予行政处分；其他人员还应当由其所在单位或者组织给予纪律处分。	**第四十二条** 按照本法第四十一条规定缴纳社会抚养费的人员，是国家工作人员的，还应当依法给予行政处分；其他人员还应当由其所在单位或者组织给予纪律处分。
第四十三条 拒绝、阻碍计划生育行政部门及其工作人员依法执行公务的，由计划生育行政部门给予批评教育并予以制止；构成违反治安管理行为的，依法给予治安管理处罚；构成犯罪的，依法追究刑事责任。	**第四十三条** 拒绝、阻碍计划生育行政部门及其工作人员依法执行公务的，由计划生育行政部门给予批评教育并予以制止；构成违反治安管理行为的，依法给予治安管理处罚；构成犯罪的，依法追究刑事责任。

续 表

修 正 前	修 正 后
第四十四条 公民、法人或者其他组织认为行政机关在实施计划生育管理过程中侵犯其合法权益，可以依法申请行政复议或者提起行政诉讼。	**第四十四条** 公民、法人或者其他组织认为行政机关在实施计划生育管理过程中侵犯其合法权益，可以依法申请行政复议或者提起行政诉讼。
第七章 附 则	**第七章 附 则**
第四十五条 流动人口计划生育工作的具体管理办法、计划生育技术服务的具体管理办法和社会抚养费的征收管理办法，由国务院制定。	**第四十五条** 流动人口计划生育工作的具体管理办法、计划生育技术服务的具体管理办法和社会抚养费的征收管理办法，由国务院制定。
第四十六条 中国人民解放军执行本法的具体办法，由中央军事委员会依据本法制定。	**第四十六条** 中国人民解放军执行本法的具体办法，由中央军事委员会依据本法制定。
第四十七条 本法自 2002 年 9 月 1 日起施行。	**第四十七条** 本法自 2002 年 9 月 1 日起施行。

二、2015 年人口与计划生育法修正背景资料

全国人民代表大会常务委员会
关于修改《中华人民共和国人口
与计划生育法》的决定

（2015 年 12 月 27 日第十二届全国人民代表大会常务委员会第十八次会议通过）

第十二届全国人民代表大会常务委员会第十八次会议决定对《中华人民共和国人口与计划生育法》作如下修改：

一、将第十八条第一款分为两款，作为第一款、第二款，修改为："国家提倡一对夫妻生育两个子女。

"符合法律、法规规定条件的，可以要求安排再生育子女。具体办法由省、自治区、直辖市人民代表大会或者其常务委员会规定。"

增加一款，作为第四款："夫妻双方户籍所在地的省、自治区、直辖市之间关于再生育子女的规定不一致的，按照有利于当事人的原则适用。"

二、将第二十条修改为："育龄夫妻自主选择计划生育避孕节育措施，预防和减少非意愿妊娠。"

三、将第二十五条修改为："符合法律、法规规定生育子女的夫妻，可以获得延长生育假的奖励或者其他福利待遇。"

四、将第二十七条修改为："在国家提倡一对夫妻生育一个子女期间，自愿终身只生育一个子女的夫妻，国家发给《独生子女父母

光荣证》。

“获得《独生子女父母光荣证》的夫妻，按照国家和省、自治区、直辖市有关规定享受独生子女父母奖励。

“法律、法规或者规章规定给予获得《独生子女父母光荣证》的夫妻奖励的措施中由其所在单位落实的，有关单位应当执行。

“获得《独生子女父母光荣证》的夫妻，独生子女发生意外伤残、死亡的，按照规定获得扶助。

“在国家提倡一对夫妻生育一个子女期间，按照规定应当享受计划生育家庭老年人奖励扶助的，继续享受相关奖励扶助。”

五、删去第三十六条第三项中的“实施假节育手术”。

本决定自 2016 年 1 月 1 日起施行。

《中华人民共和国人口与计划生育法》根据本决定作相应修改，重新公布。

全国人民代表大会法律委员会关于《中华人民共和国人口与计划生育法修正案（草案）》审议结果的报告

全国人民代表大会常务委员会：

本次常委会会议于12月23日上午对国务院提请审议的《中华人民共和国人口与计划生育法修正案（草案）》进行了分组审议。普遍认为，为贯彻党的十八届五中全会关于全面实施一对夫妇可生育两个孩子政策的决策部署，适应我国人口发展出现的重大转折性变化，回应社会关切，对人口与计划生育法进行修改是必要的，草案已经比较成熟，建议进一步修改后，提请本次会议通过。同时，有些常委会组成人员还提出了一些修改意见。

法律委员会于12月25日下午召开会议，逐条研究了常委会组成人员的审议意见，对修正案草案进行了审议。教育科学文化卫生委员会、国务院法制办公室和国家卫生和计划生育委员会的有关负责同志列席了会议。法律委员会认为，草案是可行的，同时，提出以下修改意见：

一、修正案草案第一条规定："国家提倡一对夫妻生育两个子女；符合法律、法规规定条件的，可以要求安排再生育子女。具体办法由省、自治区、直辖市人民代表大会或者其常务委员会规定。"第七条规定："夫妻双方户籍所在地的省、自治区、直辖市之间关于再生育子女的规定不一致的，按照有利于当事人的原则适用。"

有的常委委员提出，“国家提倡一对夫妻生育两个子女”是这次修法的主要目的，应当更加突出，建议单作规定。有的常委委员提出，修正案草案第七条也是关于再生育子女的规定，建议与第一条合并。法律委员会经研究，建议将“国家提倡一对夫妻生育两个子女”单作一款，同时，将第七条作为一款，并入第一条。（修改决定草案建议表决稿第一条）

二、修正案草案第三条规定：“符合本法第十八条规定生育子女的夫妻，可以获得延长生育假的奖励或者其他福利待遇。”有些常委委员、代表提出，这一规定不够清楚，容易理解为只有生育两个子女的才可以获得延长生育假的奖励。法律委员会经研究，建议将这一条修改为：“符合法律、法规规定生育子女的夫妻，可以获得延长生育假的奖励或者其他福利待遇。”（修改决定草案建议表决稿第三条）

三、修正案草案第四条规定删去现行人口与计划生育法第二十七条的规定，同时，修正案草案第八条规定：“本修正案自 2016 年 1 月 1 日起施行。本修正案施行前，按照规定应当享受计划生育家庭老年人奖励扶助的，继续享受相关奖励扶助；已经获得《独生子女父母光荣证》的夫妻，按照规定继续享受独生子女父母奖励，独生子女发生意外伤残、死亡的，可以按照规定获得扶助。”有些常委会组成人员、代表提出，全面实施一对夫妇可生育两个孩子政策后，对原来的独生子女奖励和扶助措施应当继续执行，建议恢复现行人口与计划生育法第二十七条的规定。有些常委委员、代表提出，应当加大对失独家庭的扶助力度。法律委员会经研究，建议删去修正案草案第八条的规定，保留现行人口与计划生育法第二十七条，并修改为：“在国家提倡一对夫妻生育一个子女期间，自愿终身只生育一个子女的夫妻，国家发给《独生子女父母光荣证》。”“获得《独生子女父母光荣证》的夫妻，按照国家和省、自治区、直辖市有关规定享受独生子女父母奖励。”“法律、法规或者规章规定给予获得《独生子女父母光荣证》的夫妻奖励的措施中由其所在单位落实的，有关单位应当执行。”“获得《独生子女父母光荣证》的夫妻，独生子女发生意外伤残、死亡的，按照规定获得扶助。”“在国家提倡一对夫妻生育一个子女期间，按照规定应当享受计划生育家庭老年人奖励扶助的，继续享受相关奖励扶助。”（修改决定草案建议表决稿第四条）

四、修正案草案第五条规定医疗机构实施人类辅助生殖技术需经省级人民政府卫生行政部门审查批准，同时规定禁止买卖精子、卵子、受精卵和胚胎，禁止以任何形式实施代孕。常委会组成人员对此意见分歧较大。有些常委会组成人员提出，这次修法应当集中围绕落实党的十八届五中全会决策进行，而本条规定与全面实施二孩政策没有直接关系，且有些问题还需深入研究论证，建议删去。法律委员会经研究，建议采纳这一意见，并相应删去修正案草案第六条。

五、现行人口与计划生育法第三十六条对“实施假节育手术”行为规定了法律责任。有些常委委员提出，实施假节育手术是与现行人口与计划生育法第二十条中“育龄夫妻应当自觉落实计划生育避孕节育措施”规定相对应的违法行为，修正案草案已将现行法第二十条的上述规定修改为“育龄夫妻自主选择计划生育避孕节育措施”，建议法律责任中删去“实施假节育手术”行为。法律委员会经研究，建议采纳这一意见。（修改决定草案建议表决稿第五条）

此外，根据常委会组成人员的审议意见，还对修正案草案作了一些文字修改。

法律委员会已按上述意见提出了全国人民代表大会常务委员会关于修改《中华人民共和国人口与计划生育法》的决定（草案），

建议本次常委会会议通过。

修改决定草案建议表决稿和以上报告是否妥当，请审议。

全国人民代表大会法律委员会

2015 年 12 月 27 日

十二届全国人大常委会第十八次会议审议人口与计划生育法修正案草案的意见

本次常委会会议于12月23日上午分组审议了《中华人民共和国人口与计划生育法修正案（草案)》。现将审议意见简报如下：

一、总的意见

大家普遍赞成对人口与计划生育法进行修改。有些常委会组成人员和列席人员提出，草案贯彻落实了党的十八届五中全会“全面实施一对夫妇可生育两个孩子政策”的精神，回应了社会关切，符合我国人口生育现状，是经济社会持续健康发展的客观要求，是必要的、适时的。草案遵循老人老办法、新人新办法的原则，改得较好。

有些常委委员提出，草案应紧紧围绕实施全面两孩政策来修改，对于还没有研究好的问题，不要搭车解决，等条件成熟后再全面修改法律。有的列席人员提出，本次修法时间比较紧，建议缩小修改范围，仅对现行法第十八条和第二十七条进行修改。有的常委委员提出，国家实行计划生育的原则不能变，可以授权省（区、市）计划生育部门根据当地的人口情况作出生育政策调整，修正案应更原则一点。有的常委委员提出，一审通过的草案内容要尽可能简单，否则与立法法的规定不相符。

有的常委委员建议删去法名中的“计划”二字。

有些常委委员建议在修改人口与计划生育法的同时，停止执行或废止《全国人民代表大会常务委员会关于调整完善生育政策的决议》。

有的常委委员提出，应当继续坚持计划生育的基本国策，高度重视并采取切实措施，不断提高人口质量和素质，解决好落实全面两孩政策的区域差别问题，解决好老年人社保和福利待遇。

有些常委会组成人员和列席人员提出，与实施全面两孩政策相关的问题，如收养、社会抚养费征收、失独家庭帮扶等，应当尽快解决；配套的法律、法规和政策应当尽快修改或者出台。有些常委委员提出，落实全面两孩政策，要提供更加优质完善的公共服务，如解决女性就业歧视问题，消除女性生育的后顾之忧，解决儿童入园难问题。

有的常委委员和列席人员提出，不能因为现在对计划生育政策进行调整，就否定计划生育政策，要充分肯定计划生育基本国策的功绩。

二、具体意见

1. 有的代表提出，应将草案第一条的规定放在总则中。有的委员提出，该条应突出国家提倡一对夫妻生育两个子女，其他内容可以另起一条。有的常委委员和列席人员建议将该条中的“国家提倡一对夫妻生育两个子女”修改为“一对夫妻可以生育两个子女”。有的常委委员建议删去“符合法律、法规规定条件的，可以要求安排再生育子女”。有的同志建议在“提倡”后加“鼓励”。

有的代表提出，从草案第一条的规定看，是否可以生育三孩不明确，建议明确一般情况下只能生育两孩。有的常委委员提出，对生育三孩要予以限制，该征收社会抚养费的就要征收。有的常委委员建议明确严禁生育三孩，鼓励生育女孩，确保人口结构合理。

有的代表提出，安排再生育子女的具体办法应由全国人大常委会或者国务院规定。有的常委委员和列席人员建议删去“具体办法由省、自治区、直辖市人民代表大会或者其常务委员会规定”。

2. 有的常委委员建议删去草案第二条。有的委员建议将该条修改为："国家提倡育龄夫妻自主选择计划生育避孕节育措施，预防和减少非意愿妊娠；各级卫生计生部门应当提供计划生育技术服务。"有的常委委员和代表建议保留现行法第二十条接受计划生育技术服务指导的规定，并将"预防和减少非意愿妊娠"作为第二款。

3. 有些常委委员和列席人员提出，草案第三条的规定含义不清，是不是只要符合规定，无论是生育一孩还是两孩乃至三孩，都可以获得延长生育假的奖励，建议明确。

有的常委委员和代表建议删去该条中的"奖励"。有的常委委员建议将该条修改为："符合本法第十八条规定生育子女的夫妻，应享受生育假 90 天的待遇，不影响其他福利"。有的常委委员建议明确"其他福利待遇"的含义。

有的常委委员建议适当延长生育假。有的代表建议延长生育假要充分考虑企业负担问题。

4. 草案第四条删去了现行法第二十七条。有些常委会组成人员和列席人员提出，全面放开两孩后，原来的独生子女奖励政策应当继续执行，不应删去该条规定。建议采用一定方式将现行法第二十七条规定的内容进行公告，或者保留该规定。有的常委委员建议保留该条第三款、第四款。有些常委会组成人员和列席人员建议保留该条第四款。有的常委委员建议将该条修改为："终身只生育一个子女的夫妻，独生子女发生意外伤残、死亡，其父母不再生育和收养子女的，地方人民政府应当给予必要的帮助。"有的常委会组成人员建议将该条第四款修改为"独生子女发生意外伤残、死亡，地方人民政府应当给予必要的帮助"。

有些常委委员和列席人员建议增加关心和照顾失独家庭、不得歧视独生子女家庭的内容。有的列席人员建议国家设立独生子女专项基金。

5. 有的常委委员和列席人员提出，草案第五条的规定很有必要。目前，实施人类辅助生殖技术，买卖精子、卵子、受精卵，代孕等现象很严重，乱象丛生，需要法律进行规范。

有些常委委员和列席人员提出，本次修法是为了贯彻落实十八届五中全会精神，围绕实施全面两孩政策进行的，该条内容与生育政策调整没有直接关系，建议删去本条。

有的常委会组成人员提出，实施全面两孩政策后，生殖卫生服务应当加强，法律不宜对此规定得太死。有的常委委员提出，人类辅助生殖技术应当由医疗方面的法律进行规范，如果确需由本法规范，建议增加有关部门及其工作人员违法审批的责任。

有的常委会组成人员提出，要加强对可以实施人类辅助生殖技术的医疗机构的监督管理。建议将该条第一款最后一句修改为“严格执行国务院卫生行政部门制定的具体管理办法和技术规范”。有的常委委员建议对违法使用人类辅助生殖技术的行为进行规范，并追究法律责任。

有些常委委员和列席人员建议删去该条第二款。有些常委委员建议对本款规定再作慎重研究。有的常委委员和代表建议不要规定禁止实施代孕，如果要规定，应当按照立法法的规定对该条单独表决。有些常委委员和列席人员提出，不能简单禁止代孕。有的常委委员建议将该款修改为：“禁止非法买卖精子、卵子、受精卵和胚胎；禁止非法以任何形式实施代孕。”

有的常委委员建议该条增加一款规定：“国家鼓励和支持人类辅助生殖技术的研究发展和服务水平的提高”。

6. 有的代表建议删去草案第六条。有些常委委员建议该条与第五条统筹考虑修改。有些常委委员建议删去该条第五项、第六项。有的代表提出，“实施代孕”的主体不明，建议对委托代孕和受委托代孕的双方都予以处罚。

有的常委委员建议将现行法第三十六条第一项中的“计划生育手术”修改为“生育手术”。有的常委委员建议删去现行法第三十六条第三项。有些常委委员和代表建议删去第三项中的“实施假节育手术”。

7. 有的常委委员提出，草案第七条的规定太笼统，建议细化。有的常委委员建议删去该条。有的常委委员建议将该条中的“按照有利于当事人的原则适用”修改为“按照条件相对优厚的省份条件执行”。

8. 有的代表建议将草案第八条中的“可以”修改为“应当”。

9. 有些常委委员和列席人员提出，主管部门应统一使用“卫生计生部门”。

10. 建议取消生育审批制度，设立自主生育试点区域，为全面放开生育政策做准备。

有些常委委员和代表建议对生育两孩的给予奖励扶持，在就医、就学等方面给予优惠。

11. 有的常委会组成人员建议删去现行法第二十六条第二款中的“地方人民政府可以给予奖励”。有的常委会委员建议将该条第一款修改为：“妇女怀孕、生育和哺乳期间，按照国家有关规定，享受特殊劳动保护和生育保险。”

关于《中华人民共和国人口与计划生育法修正案（草案）》的说明

——2015年12月21日在第十二届全国人民代表大会常务委员会第十八次会议上

国家卫生和计划生育委员会主任　李　斌

委员长、各位副委员长、秘书长、各位委员：

我受国务院委托，现对《中华人民共和国人口与计划生育法修正案（草案）》作说明。

《中华人民共和国人口与计划生育法》（以下简称人口与计划生育法）自2002年施行以来，对落实计划生育基本国策，稳定低生育水平，维护公民实行计划生育的合法权益，促进计划生育事业健康稳定发展起到了重要推动和保障作用。为适应我国人口发展出现的重大转折性变化，党的十八届五中全会对现行生育政策进行了重大调整，作出了坚持计划生育基本国策，全面实施一对夫妇可生育两个孩子政策的决策部署。实施全面两孩政策，需要修改人口与计划生育法涉及生育政策的条款以及相关配套规定。

2015年10月30日，卫生计生委向国务院报送了《中华人民共和国人口与计划生育法（修订草案）（送审稿）》（以下简称送审稿）。国务院法制办征求了中央有关部门、地方政府和有关团体的意见，会同卫生计生委认真研究有关意见，对送审稿进行了修改，形成了《中华人民共和国人口与计划生育法修正案（草案）》（以下简称草案）。草案已经国务院第114次常务会议讨论通过。现将草案主要内容说明如下：

一、修改的总体思路

一是深入贯彻落实党的十八届五中全会精神，坚持计划生育基本国策，紧紧围绕实施全面两孩政策进行修法。**二是**调整完善奖励保障等计划生育配套制度，为实施全面两孩政策提供法律支撑。**三是**采取修正案的形式，对存在分歧、暂时形不成共识的问题以及适合在配套法规中解决的问题，暂不修改。

二、修改的主要内容

（一）关于实施全面两孩政策。修改人口与计划生育法第十八条，明确全国统一实施全面两孩政策，提倡一对夫妻生育两个子女，地方可以结合实际对允许再生育子女的情形制定具体办法。具体规定是：提倡一对夫妻生育两个子女；符合法定条件的可以要求安排再生育子女，具体办法由各省、自治区、直辖市规定。同时明确，夫妻双方户籍所在地的省、自治区、直辖市之间关于再生育子女的规定不一致的，按照有利于当事人的原则适用。（草案第一条、第七条）

（二）关于调整完善奖励保障等计划生育配套制度。**一是**修改与全面两孩政策不协调的奖励保障措施，删除了对晚婚晚育夫妻、独生子女父母进行奖励的规定，同时明确按照“老人老办法”的原则，法律修改前按照规定应当享受奖励扶助的计划生育家庭老年人、独生子女父母和独生子女发生意外伤残、死亡的父母可继续享受奖励扶助。**二是**根据实施全面两孩政策的新形势，规定符合政策生育的夫妻可以获得延长生育假的奖励或者其他福利待遇。**三是**根据生育政策调整，配套推进计划生育服务管理改革，删除夫妻应当接受计划生育技术服务指导等带有强制服务色彩的内容，规定夫妻自主选择避孕节育措施。（草案第二条、第三条、第四条、第八条）

此外，本次修法还将 2004 年《国务院对确需保留的行政审批项目设定行政许可的决定》中保留的医疗机构开展人类辅助生殖技术许可纳入法律规定，并对法律责任条款作了相应修改完善。（草案第五条、第六条）

《中华人民共和国人口与计划生育法修正案（草案）》和以上说明是否妥当，请审议。

中华人民共和国人民共和国人口与计划生育法修正案（草案）

一、将第十八条第一款修改为：“国家提倡一对夫妻生育两个子女；符合法律、法规规定条件的，可以要求安排再生育子女。具体办法由省、自治区、直辖市人民代表大会或者其常务委员会规定。”

二、将第二十条修改为：“育龄夫妻自主选择计划生育避孕节育措施，预防和减少非意愿妊娠。”

三、将第二十五条修改为：“符合本法第十八条规定生育子女的夫妻，可以获得延长生育假的奖励或者其他福利待遇。”

四、删除第二十七条。

五、增加一条，作为第三十五条：“具备相应专业技术人员、设施设备、伦理审查机构以及管理制度的医疗机构，经省、自治区、直辖市人民政府卫生行政部门审查批准，可以实施人类辅助生殖技术。具体管理办法和技术规范由国务院卫生行政部门制定。

“禁止买卖精子、卵子、受精卵和胚胎；禁止以任何形式实施代孕。”

六、第三十六条增加三项，作为第四项、第五项和第六项：

“（四）未经批准实施人类辅助生殖技术的；

“（五）买卖精子、卵子、受精卵、胚胎的；

“（六）实施代孕的。”

七、增加一条，作为第四十六条：“夫妻双方户籍所在地的 省、自治区、直辖市之间关于再生育子女的规定不一致的，按照有利于当事人的原则适用。”

八、本修正案自2016年1月1日起施行。本修正案施行前，按照规定应当享受计划生育家庭老年人奖励扶助的，继续享受相关奖励扶助；已经获得《独生子女父母光荣证》的夫妻，按照规定继续享受独生子女父母奖励，独生子女发生意外伤残、死亡的，可以按照规定获得扶助。

《中华人民共和国人口与计划生育法》根据本修正案作相应修改并对条款顺序作相应调整，重新公布。

全国人民代表大会教育科学文化卫生委员会关于《中华人民共和国人口与计划生育法修正案（草案）》的审议报告

全国人民代表大会常务委员会：

12月2日，全国人大教科文卫委员会召开第三十次会议，对修改人口与计划生育法有关问题进行了专门讨论。收到国务院提请审议的《中华人民共和国人口与计划生育法修正案（草案）》（以下简称草案）的议案后，又进行了认真研究，现将审议意见报告如下。

近年来，修改人口与计划生育法、调整生育政策是社会广泛关注的热点问题。我委对此高度重视，多次召开座谈会，听取国家卫生计生委以及专家学者的意见，积极推动生育政策调整和人口与计划生育法的修改进程。教科文卫委员会认为，人口与计划生育法颁布实施十多年来，对控制人口过快、增长、缓解资源环境压力、促进经济社会和谐发展、保障和改善民生等方面发挥了重要作用。目前，随着我国经济社会发展和人口形势的变化，出现了许多新情况、新问题。逐步调整完善生育政策，促进人口长期均衡发展，涉及我国人口结构优化和人民群众的切身利益，对促进我国人口与经济社会可持续发展，保障家庭和谐幸福具有重要意义。党的十八届五中全会关于"促进人口均衡发展，坚持计划生育的基本国策，完善人口发展战略，全面实施一对夫妇可生育两个孩子的政策，积极开展应对人口老龄化行动"的重大建议，充分反映了国情和民意，国务院提请审议修改人口与计划生育法的议案是适时的。

国务院提请审议的修正案草案，将修改内容聚焦到调整现行生育政策（第十八条）、完善依法生育的奖励保障措施（第二十五条、第四十六条）等重大问题上，贯彻了党的十八届五中全会精神，解决了现行法律中存在的突出问题，回应了社会关切，体现了依法治国、依法改革的理念。修正案草案保持了现行法律的稳定性，总体修改幅度不大，修改内容基本符合实际需要。教科文卫委员会建议，将该草案列入十二届全国人大常委会第十八次会议议程，并进行审议。

同时，教科文卫委员会认为，修正案草案的有些内容还需要进一步研究。调整生育政策不仅需要修改人口与计划生育法，还要重视解决相关具体问题，如社会抚养费征收、流动人口管理、计划生育家庭的奖励政策、失独家庭的社会保障、计划生育服务的改善等，同样涉及一些行政法规和地方性法规修订问题。为此，建议国务院及有关部门继续深入贯彻人口与计划生育法，并抓紧做好有关法规和配套政策的衔接工作，使新修正的人口与计划生育法能得到正确、全面地贯彻实施。

全国人民代表大会教育科学文化卫生委员会

2015 年 12 月 10 日

国务院关于提请审议《中华人民共和国人口与计划生育法修正案（草案）》的议案

（国函〔2015〕205号）

全国人民代表大会常务委员会：

为了坚持计划生育基本国策，全面实施一对夫妇可生育两个孩子政策，卫生计生委起草了《中华人民共和国人口与计划生育法修正案（草案）》。草案已经国务院常务会议讨论通过，现提请审议。

国务院总理　李克强

2015年12月6日

三、相关政策文件

中共中央、国务院关于实施全面两孩政策改革完善计划生育服务管理的决定

（2015年12月31日）

实行计划生育是我国的一项基本国策，事关亿万家庭的幸福安康，事关全面建成小康社会和“两个一百年”奋斗目标的实现。为贯彻落实党的十八大和十八届二中、三中、四中、五中全会精神，适应人口和经济社会发展新形势，促进人口长期均衡发展，现就全面实施一对夫妇可生育两个孩子政策（以下简称全面两孩政策），进一步改革完善计划生育服务管理，作出如下决定。

一、充分认识实施全面两孩政策、改革完善计划生育服务管理的重大意义

（一）计划生育工作取得了举世瞩目的伟大成就。20世纪五六十年代，随着经济恢复、社会安定、人民生活改善和医疗卫生保障水平的提高，我国总人口从新中国成立初期的5.4亿人迅速增加到1970年的8.3亿人，给经济社会发展带来了巨大压力。为控制人口过快增长，国家从七十年代开始在城乡推行计划生育。1980年，党中央发表《关于控制我国人口增长问题致全体共产党员、共青团员的公开信》，提倡一对夫妇生育一个孩子。1982年，计划生育被确定为基本国策。40多年来，我国实施人口与发展综合决策，不断完善计划生育政策，走出了一条中国特色统筹解决人口问题的道路。人口过快增长的势头得到有效控制，资源、环境压力有效缓解，妇

女儿童发展状况极大改善，人口素质明显提高，促进了经济快速发展和社会进步，有力支撑了改革开放和社会主义现代化事业，为全面建成小康社会奠定了坚实基础。我国实行计划生育也为世界人口发展和减贫作出了重大贡献，树立了负责任大国的良好形象。在此过程中，亿万人民群众积极响应党和国家号召，自觉实行计划生育，作出了巨大贡献；广大人口和计划生育工作者付出了心血和汗水。实践证明，实行计划生育符合我国国情，是正确的，得到了广大人民群众的理解和支持，是强国富民安天下的伟大事业。

（二）我国人口发展呈现出重大转折性变化。人口问题始终是人类社会共同面对的基础性、全局性和战略性问题。人口的趋势性变化，将对经济社会发展产生全面、深刻、长远的影响。进入21世纪特别是“十二五”时期以来，我国人口发展的内在动力和外部条件发生了显著变化。人口总量增长势头明显减弱，劳动年龄人口和育龄妇女开始减少，老龄化程度不断加深；群众生育观念发生重大转变，少生优生已成为社会生育观念的主流；家庭规模趋向小型化，养老抚幼功能弱化；人口红利减弱，以人力资本为核心的国际竞争优势有待进一步加强。这些变化对人口安全和经济社会发展带来新的挑战。同时还应清醒地看到，到本世纪中叶，我国人口总量仍将保持在13亿以上，人口众多的基本国情不会根本改变，人口对经济社会发展的压力不会根本改变，人口与资源环境的紧张关系不会根本改变。当前，我国正处于人口大国向人力资本强国转变的关键时期。必须从全局和战略高度出发，充分认识坚持计划生育基本国策的重要性和长期性，立足国情，遵循规律，正确处理当前与长远、总量与结构、人口与资源环境的关系，逐步调整完善生育政策，促进人口长期均衡发展，最大限度发挥人口对经济社会发展的能动作用，牢牢把握战略主动权。

（三）实施全面两孩政策、改革完善计划生育服务管理是新形势下坚持计划生育基本国策的重大战略部署。党的十八届三中全会作出了坚持计划生育基本国策、启动实施单独两孩政策的重大决策。单独两孩政策稳妥扎实有序实施，为进一步调整完善生育政策积累了经验，当前启动实施全面两孩政策条件具备、时机成熟。实施全面两孩政策、改革完善计划生育服务管理，是促进人口长期均衡发展的重大举措，有利于优化人口结构，增加劳动力供给，减缓人口老龄化压力；有利于促进经济社会持续健康发展，实现全面建成小康社会的奋斗目标；有利于更好地落实计划生育基本国策，促进家庭幸福与社会和谐。各级党委和政府要充分认识实施全面两孩政策、改革完善计划生育服务管理的重要性，增强责任感和使命感，用法治的思维、创新的精神和务实的作风，不断探索新形势下落实计划生育基本国策的体制机制和方式方法，使计划生育成为惠及亿万家庭的甜蜜事业。

二、指导思想、基本原则和主要目标

（四）指导思想

高举中国特色社会主义伟大旗帜，全面贯彻党的十八大和十八届二中、三中、四中、五中全会精神，以邓小平理论、“三个代表”重要思想、科学发展观为指导，深入贯彻习近平总书记系列重要讲话精神，坚持“四个全面”战略布局，以增进家庭和谐幸福、促进人口长期均衡发展为主线，坚持计划生育基本国策，统筹推进生育政策、服务管理制度、家庭发展支持体系和治理机制综合改革，努力实现规模适度、素质较高、结构优化、分布合理的人口均衡发展，促进人口与经济社会、资源环境协调可持续发展，为实现中华民族伟大复兴的中国梦提供坚实基础和持久动力。

（五）基本原则

——以人为本。尊重家庭在计划生育中的主体地位，坚持权利与义务对等，寓管理于服务之中，引导群众负责任、有计划地生育。

——创新发展。推动人口和计划生育工作由控制人口数量为主向调控总量、提升素质和优化结构并举转变，由管理为主向更加注重服务家庭转变，由主要依靠政府力量向政府、社会和公民多元共治转变。

——法治引领。充分发挥立法对完善生育政策和服务管理改革的引领、规范、保障作用，坚持严格、规范、公正、文明执法，不断提高计划生育法治水平。

——统筹推进。注重改革措施的系统性、整体性、协同性，做到调整完善生育政策与服务管理改革同步推进、配套政策措施同步制定。

（六）主要目标

到2020年，计划生育服务管理制度和家庭发展支持体系较为完善，政府依法履行职责、社会广泛参与、群众诚信自律的多元共治格局基本形成，计划生育治理能力全面提高；覆盖城乡、布局合理、功能完备、便捷高效的妇幼保健计划生育服务体系更加完善，基本实现人人享有计划生育优质服务，推动联合国2030年可持续发展议程的落实；保持适度生育水平，人口总量控制在规划目标之内。

三、稳妥扎实有序实施全面两孩政策

（七）依法组织实施全面两孩政策。贯彻落实新修改的《中华人民共和国人口与计划生育法》，完善相关行政法规以及地方性法规。从2016年开始实施全面两孩政策。各省（自治区、直辖市）政府综合评估本地人口发展形势、计划生育工作基础和政策实施风险，科学制定实施方案，报国务院主管部门备案，确保政策平稳落地，生育水平不出现大幅波动。

（八）改革生育服务管理制度。实行生育登记服务制度，对生育两个以内（含两个）孩子的，不实行审批，由家庭自主安排生育。改进再婚等情形再生育管理。优化办事流程，简化办理手续，全面推行网上办事，进一步简政便民。依法依规查处政策外多孩生育。

（九）加强出生人口监测预测。加强人口变动情况调查，科学预测出生人口变动趋势，建立出生人口监测和预警机制。加快推进国家人口基础信息库和人口健康信息化建设，实现国家与省级人口和计划生育信息互联互通，实现户籍管理、婚姻、人口健康、教育、社会保障等信息共享。

（十）合理配置公共服务资源。根据生育服务需求和人口变动情况，合理配置妇幼保健、儿童照料、学前和中小学教育、社会保障等资源，满足新增公共服务需求。引导和鼓励社会力量举办非营利性妇女儿童医院、普惠性托儿所和幼儿园等服务机构。

四、大力提升计划生育服务管理水平

（十一）加强妇幼健康计划生育服务。推进优生优育全程服务，落实孕前优生健康检查，加强孕产期保健服务和出生缺陷综合防治，提高出生人口素质。向不孕不育等生育困难人员提供必要的辅助生殖技术服务。推进妇幼保健计划生育服务机构标准化建设和规范化管理，加强孕产妇与新生儿危急重症救治能力建设。加快产科和儿科医师、助产士及护士人才培养，合理确定服务价格，在薪酬分配等方面加大政策倾斜力度。全面推进知情选择，向育龄人群提供安全、有效、适宜的避孕节育服务，提高服务的公平性和可及性。加强基础研究和科技创新，开发推广避孕节育、优生优育、生殖保健的新技术新产品。

（十二）推进流动人口基本公共卫生计生服务均等化。按照常住人口配置服务资源，将流动人口纳入城镇基本公共卫生和计划生育服务范围。巩固完善流动人口信息互通、服务互补、管理互动的全国“一盘棋”工作机制。推进网上信息核查和共享，做好流动人口在居住地的生育登记服务。广泛开展生殖健康科普宣传，增强流动人口等人群自我保健意识和防护能力。关怀关爱流动人口和留守人群，促进社会融合。

（十三）强化基层基础工作。完善宣传倡导、依法管理、优质服务、政策推动、综合治理的计划生育长效工作机制。深入开展计划生育优质服务先进单位创建活动。建立健全卫生和计划生育综合监督行政执法体系，加强计划生育服务管理能力建设。稳定和加强县、乡级计划生育工作力量，妥善解决好村级计划生育专干的报酬待遇、养老保障等问题。

（十四）充分发挥社会组织作用。加强政府与社会协同治理，广泛动员工会、共青团、妇联等群团组织和其他社会组织共同做好计划生育工作。充分发挥计划生育协会的生力军作用，切实加强县、乡级计划生育协会的组织和能力建设，更好地承担宣传教育、生殖健康咨询服务、优生优育指导、计划生育家庭帮扶、权益维护和流动人口服务等工作。鼓励社会组织依法开展人口和计划生育公益慈善与帮扶救助活动。在城乡社区和企事业单位，引导群众广泛开展计划生育自我管理、自我服务、自我教育、自我监督。

五、构建有利于计划生育的家庭发展支持体系

（十五）加大对计划生育家庭扶助力度。切实保障计划生育家庭合法权益，使他们优先分享改革发展的成果。对政策调整前的独生子女家庭和农村计划生育双女家庭，继续实行现行各项奖励扶助政策，在社会保障、集体收益分配、就业创业、新农村建设等方面予以倾斜。完善计划生育家庭奖励扶助制度和特别扶助制度，实行扶助标准动态调整。帮扶存在特殊困难的计划生育家庭，妥善解决他们的生活照料、养老保障、大病治疗和精神慰藉等问题。推进计划生育与扶贫开发相结合，继续实施“少生快富”工程。对政策调整后自愿只生育一个子女的夫妻，不再实行独生子女父母奖励优惠等政策。

（十六）增强家庭抚幼和养老功能。建立完善包括生育支持、幼儿养育、青少年发展、老人赡养、病残照料等在内的家庭发展政策，鼓励按政策生育。完善计划生育奖励假制度。增强社区幼儿照料、托老日间照料和居家养老等服务功能。推进医疗卫生与养老服务相结合，探索建立长期护理保险制度。加大对残疾人家庭、贫困家庭和独居老人的帮扶支持力度。广泛开展创建幸福家庭活动和新家庭计划。

（十七）促进社会性别平等。深入开展关爱女孩行动，创造有利于女孩成长成才的社会环境。综合治理出生人口性别比偏高问题，依法严厉打击非医学需要的胎儿性别鉴定和选择性别人工终止妊娠行为。依法保障妇女的宅基地、房屋等财产继承权和土地承包权。依法保障女性就业、休假等合法权益，支持女性生育后重返工作岗位，鼓励用人单位制定有利于职工平衡工作与家庭关系的措施。

六、切实加强组织领导

（十八）落实党政责任。各级党委和政府要坚持计划生育党政一把手亲自抓、负总责，将实施全面两孩政策、改革完善计划生育服务管理作为全面深化改革的重要任务，加强统筹规划、政策协调和工作落实。坚持和完善计划生育目标管理责任制，确保责任到位、措施到位、投入到位。对人口和计划生育工作主要目标任务未完成、严重弄虚作假、违法行政造成恶劣影响等情形，实行“一票否决”。

（十九）加强部门协作。进一步完善计划生育兼职委员和领导小组制度。建立健全重大经济社会政策人口发展影响评估机制，促进相关经济社会政策与计划生育政策有效衔接。各有关部门要认真履行职责，重点解决好政策配套、公共服务保障、执法协调、信息互通等问题，加强对各地工作的指导。

（二十）深化人口发展战略研究。深入研究新形势下人口与经济、社会、资源、环境之间的互动关系以及人口数量、素质、结构和分布的变动趋势，加强前瞻性研究，完善人口发展战略，编制中长期规划。科学评估经济增长和社会发展对生育行为的影响，准确研判生育水平变动态势，做好政策储备。加强人口发展的国际比较研究，促进国际交流与合作。

（二十一）做好宣传和舆论引导。各地区各部门要把思想和行动统一到中央的决策部署上来，大力宣传计划生育取得的伟大成就，做好实施全面两孩政策解读。加强人口基本国情和计划生育基本国策教育，不断增强全社会的国情和国策意识。总结推广计划生育服务管理改革的好经验、好做法，表彰先进典型。正确引导社会舆论，营造支持政策落实和改革创新的良好氛围。

（二十二）强化督导落实。各地区各有关部门要按照本决定要求，制定实施方案，细化改革任务，明确实施步骤。加强对各项改革措施的跟踪评估，及时发现和解决改革中的苗头性、倾向性问题。各省（自治区、直辖市）党委和政府每年要向中央专题报告本地区计划生育工作情况，中央将定期开展督查。

四、相关法律、法规、规章

中华人民共和国婚姻法

（1980年9月10日第五届全国人民代表大会第三次会议通过　根据2001年4月28日第九届全国人民代表大会常务委员会第二十一次会议《关于修改〈中华人民共和国婚姻法〉的决定》修正）

目　　录

第一章　总　　则

第一条　本法是婚姻家庭关系的基本准则。

第二条　实行婚姻自由、一夫一妻、男女平等的婚姻制度。

保护妇女、儿童和老人的合法权益。

实行计划生育。

第三条 禁止包办、买卖婚姻和其他干涉婚姻自由的行为。禁止借婚姻索取财物。

禁止重婚。禁止有配偶者与他人同居。禁止家庭暴力。禁止家庭成员间的虐待和遗弃。

第四条 夫妻应当互相忠实，互相尊重；家庭成员间应当敬老爱幼，互相帮助，维护平等、和睦、文明的婚姻家庭关系。

第二章 结 婚

第五条 结婚必须男女双方完全自愿，不许任何一方对他方加以强迫或任何第三者加以干涉。

第六条 结婚年龄，男不得早于二十二周岁，女不得早于二十周岁。晚婚晚育应予鼓励。

第七条 有下列情形之一的，禁止结婚：

（一）直系血亲和三代以内的旁系血亲；

（二）患有医学上认为不应当结婚的疾病。

第八条 要求结婚的男女双方必须亲自到婚姻登记机关进行结婚登记。符合本法规定的，予以登记，发给结婚证。取得结婚证，即确立夫妻关系。未办理结婚登记的，应当补办登记。

第九条 登记结婚后，根据男女双方约定，女方可以成为男方家庭的成员，男方可以成为女方家庭的成员。

第十条 有下列情形之一的，婚姻无效：

（一）重婚的；

（二）有禁止结婚的亲属关系的；

（三）婚前患有医学上认为不应当结婚的疾病，婚后尚未治愈的；

（四）未到法定婚龄的。

第十一条 因胁迫结婚的，受胁迫的一方可以向婚姻登记机关或人民法院请求撤销该婚姻。受胁迫的一方撤销婚姻的请求，应当自结婚登记之日起一年内提出。被非法限制人身自由的当事人请求撤销婚姻的，应当自恢复人身自由之日起一年内提出。

第十二条 无效或被撤销的婚姻，自始无效。当事人不具有夫妻的权利和义务。同居期间所得的财产，由当事人协议处理；协议不成时，由人民法院根据照顾无过错方的原则判决。对重婚导致的婚姻无效的财产处理，不得侵害合法婚姻当事人的财产权益。当事人所生的子女，适用本法有关父母子女的规定。

第三章 家庭关系

第十三条 夫妻在家庭中地位平等。

第十四条 夫妻双方都有各用自己姓名的权利。

第十五条 夫妻双方都有参加生产、工作、学习和社会活动的自由，一方不得对他方加以限制或干涉。

第十六条 夫妻双方都有实行计划生育的义务。

第十七条 夫妻在婚姻关系存续期间所得的下列财产，归夫妻共同所有：

（一）工资、奖金；

（二）生产、经营的收益；

（三）知识产权的收益；

（四）继承或赠与所得的财产，但本法第十八条第三项规定的除外；

（五）其他应当归共同所有的财产。

夫妻对共同所有的财产，有平等的处理权。

第十八条 有下列情形之一的，为夫妻一方的财产：

（一）一方的婚前财产；

（二）一方因身体受到伤害获得的医疗费、残疾人生活补助费等费用；

（三）遗嘱或赠与合同中确定只归夫或妻一方的财产；

（四）一方专用的生活用品；

（五）其他应当归一方的财产。

第十九条 夫妻可以约定婚姻关系存续期间所得的财产以及婚前财产归各自所有、共同所有或部分各自所有、部分共同所有。约定应当采用书面形式。没有约定或约定不明确的，适用本法第十七条、第十八条的规定。

夫妻对婚姻关系存续期间所得的财产以及婚前财产的约定，对双方具有约束力。

夫妻对婚姻关系存续期间所得的财产约定归各自所有的，夫或妻一方对外所负的债务，第三人知道该约定的，以夫或妻一方所有的财产清偿。

第二十条 夫妻有互相扶养的义务。

一方不履行扶养义务时，需要扶养的一方，有要求对方付给扶养费的权利。

第二十一条 父母对子女有抚养教育的义务；子女对父母有赡养扶助的义务。

父母不履行抚养义务时，未成年的或不能独立生活的子女，有要求父母付给抚养费的权利。

子女不履行赡养义务时，无劳动能力的或生活困难的父母，有要求子女付给赡养费的权利。

禁止溺婴、弃婴和其他残害婴儿的行为。

第二十二条 子女可以随父姓，可以随母姓。

第二十三条 父母有保护和教育未成年子女的权利和义务。在未成年子女对国家、集体或他人造成损害时，父母有承担民事责任的义务。

第二十四条 夫妻有相互继承遗产的权利。

父母和子女有相互继承遗产的权利。

第二十五条 非婚生子女享有与婚生子女同等的权利，任何人不得加以危害和歧视。

不直接抚养非婚生子女的生父或生母，应当负担子女的生活费和教育费，直至子女能独立生活为止。

第二十六条 国家保护合法的收养关系。养父母和养子女间的权利和义务，适用本法对父母子女关系的有关规定。

养子女和生父母间的权利和义务，因收养关系的成立而消除。

第二十七条 继父母与继子女间，不得虐待或歧视。

继父或继母和受其抚养教育的继子女间的权利和义务，适用本法对父母子女关系的有关规定。

第二十八条 有负担能力的祖父母、外祖父母，对于父母已经死亡或父母无力抚养的未成年的孙子女、外孙子女，有抚养的义务。有负担能力的孙子女、外孙子女，对于子女已经死亡或子女无力赡养的祖父母、外祖父母，有赡养的义务。

第二十九条 有负担能力的兄、姐，对于父母已经死亡或父母无力抚养的未成年的弟、妹，有扶养的义务。由兄、姐扶养长大的有负担能力的弟、妹，对于缺乏劳动能力又缺乏生活来源的兄、姐，有扶养的义务。

第三十条 子女应当尊重父母的婚姻权利，不得干涉父母再婚以及婚后的生活。子女对父母的赡养义务，不因父母的婚姻关系变化而终止。

第四章　离　　婚

第三十一条　男女双方自愿离婚的，准予离婚。双方必须到婚姻登记机关申请离婚。婚姻登记机关查明双方确实是自愿并对子女和财产问题已有适当处理时，发给离婚证。

第三十二条　男女一方要求离婚的，可由有关部门进行调解或直接向人民法院提出离婚诉讼。

人民法院审理离婚案件，应当进行调解；如感情确已破裂，调解无效，应准予离婚。

有下列情形之一，调解无效的，应准予离婚：

（一）重婚或有配偶者与他人同居的；

（二）实施家庭暴力或虐待、遗弃家庭成员的；

（三）有赌博、吸毒等恶习屡教不改的；

（四）因感情不和分居满二年的；

（五）其他导致夫妻感情破裂的情形。

一方被宣告失踪，另一方提出离婚诉讼的，应准予离婚。

第三十三条　现役军人的配偶要求离婚，须得军人同意，但军人一方有重大过错的除外。

第三十四条　女方在怀孕期间、分娩后一年内或中止妊娠后六个月内，男方不得提出离婚。女方提出离婚的，或人民法院认为确有必要受理男方离婚请求的，不在此限。

第三十五条　离婚后，男女双方自愿恢复夫妻关系的，必须到婚姻登记机关进行复婚登记。

第三十六条　父母与子女间的关系，不因父母离婚而消除。离婚后，子女无论由父或母直接抚养，仍是父母双方的子女。

离婚后，父母对于子女仍有抚养和教育的权利和义务。

离婚后，哺乳期内的子女，以随哺乳的母亲抚养为原则。哺乳期后的子女，如双方因抚养问题发生争执不能达成协议时，由人民法院根据子女的权益和双方的具体情况判决。

第三十七条 离婚后，一方抚养的子女，另一方应负担必要的生活费和教育费的一部或全部，负担费用的多少和期限的长短，由双方协议；协议不成时，由人民法院判决。

关于子女生活费和教育费的协议或判决，不妨碍子女在必要时向父母任何一方提出超过协议或判决原定数额的合理要求。

第三十八条 离婚后，不直接抚养子女的父或母，有探望子女的权利，另一方有协助的义务。

行使探望权利的方式、时间由当事人协议；协议不成时，由人民法院判决。

父或母探望子女，不利于子女身心健康的，由人民法院依法中止探望的权利；中止的事由消失后，应当恢复探望的权利。

第三十九条 离婚时，夫妻的共同财产由双方协议处理；协议不成时，由人民法院根据财产的具体情况，照顾子女和女方权益的原则判决。

夫或妻在家庭土地承包经营中享有的权益等，应当依法予以保护。

第四十条 夫妻书面约定婚姻关系存续期间所得的财产归各自所有，一方因抚育子女、照料老人、协助另一方工作等付出较多义务的，离婚时有权向另一方请求补偿，另一方应当予以补偿。

第四十一条 离婚时，原为夫妻共同生活所负的债务，应当共同偿还。共同财产不足清偿的，或财产归各自所有的，由双方协议清偿；协议不成时，由人民法院判决。

第四十二条 离婚时，如一方生活困难，另一方应从其住房等个人财产中给予适当帮助。具体办法由双方协议；协议不成时，由人民法院判决。

第五章　救助措施与法律责任

第四十三条　实施家庭暴力或虐待家庭成员，受害人有权提出请求，居民委员会、村民委员会以及所在单位应当予以劝阻、调解。

对正在实施的家庭暴力，受害人有权提出请求，居民委员会、村民委员会应当予以劝阻；公安机关应当予以制止。

实施家庭暴力或虐待家庭成员，受害人提出请求的，公安机关应当依照治安管理处罚的法律规定予以行政处罚。

第四十四条　对遗弃家庭成员，受害人有权提出请求，居民委员会、村民委员会以及所在单位应当予以劝阻、调解。

对遗弃家庭成员，受害人提出请求的，人民法院应当依法作出支付扶养费、抚养费、赡养费的判决。

第四十五条　对重婚的，对实施家庭暴力或虐待、遗弃家庭成员构成犯罪的，依法追究刑事责任。受害人可以依照刑事诉讼法的有关规定，向人民法院自诉；公安机关应当依法侦查，人民检察院应当依法提起公诉。

第四十六条　有下列情形之一，导致离婚的，无过错方有权请求损害赔偿：

（一）重婚的；

（二）有配偶者与他人同居的；

（三）实施家庭暴力的；

（四）虐待、遗弃家庭成员的。

第四十七条　离婚时，一方隐藏、转移、变卖、毁损夫妻共同财产，或伪造债务企图侵占另一方财产的，分割夫妻共同财产时，对隐藏、转移、变卖、毁损夫妻共同财产或伪造债务的一方，可以少分或不分。离婚后，另一方发现有上述行为的，可以向人民法院提起诉讼，请求再次分割夫妻共同财产。

人民法院对前款规定的妨害民事诉讼的行为，依照民事诉讼法的规定予以制裁。

第四十八条 对拒不执行有关扶养费、抚养费、赡养费、财产分割、遗产继承、探望子女等判决或裁定的，由人民法院依法强制执行。有关个人和单位应负协助执行的责任。

第四十九条 其他法律对有关婚姻家庭的违法行为和法律责任另有规定的，依照其规定。

第六章 附 则

第五十条 民族自治地方的人民代表大会有权结合当地民族婚姻家庭的具体情况，制定变通规定。自治州、自治县制定的变通规定，报省、自治区、直辖市人民代表大会常务委员会批准后生效。自治区制定的变通规定，报全国人民代表大会常务委员会批准后生效。

第五十一条 本法自1981年1月1日起施行。

1950年5月1日颁行的《中华人民共和国婚姻法》，自本法施行之日起废止。

中华人民共和国母婴保健法

（1994年10月27日第八届全国人民代表大会常务委员会第十次会议通过　根据2009年8月27日第十一届全国人民代表大会常务委员会第十次会议《关于修改部分法律的决定》修正）

目　录

第一章　总　　则

第一条　为了保障母亲和婴儿健康，提高出生人口素质，根据宪法，制定本法。

第二条　国家发展母婴保健事业，提供必要条件和物质帮助，使母亲和婴儿获得医疗保健服务。

国家对边远贫困地区的母婴保健事业给予扶持。

第三条 各级人民政府领导母婴保健工作。

母婴保健事业应当纳入国民经济和社会发展计划。

第四条 国务院卫生行政部门主管全国母婴保健工作，根据不同地区情况提出分级分类指导原则，并对全国母婴保健工作实施监督管理。

国务院其他有关部门在各自职责范围内，配合卫生行政部门做好母婴保健工作。

第五条 国家鼓励、支持母婴保健领域的教育和科学研究，推广先进、实用的母婴保健技术，普及母婴保健科学知识。

第六条 对在母婴保健工作中做出显著成绩和在母婴保健科学研究中取得显著成果的组织和个人，应当给予奖励。

第二章　婚前保健

第七条 医疗保健机构应当为公民提供婚前保健服务。

婚前保健服务包括下列内容：

（一）婚前卫生指导：关于性卫生知识、生育知识和遗传病知识的教育；

（二）婚前卫生咨询：对有关婚配、生育保健等问题提供医学意见；

（三）婚前医学检查：对准备结婚的男女双方可能患影响结婚和生育的疾病进行医学检查。

第八条 婚前医学检查包括对下列疾病的检查：

（一）严重遗传性疾病；

（二）指定传染病；

（三）有关精神病。

经婚前医学检查，医疗保健机构应当出具婚前医学检查证明。

第九条 经婚前医学检查，对患指定传染病在传染期内或者有关精神病在发病期内的，医师应当提出医学意见；准备结婚的男女双方应当暂缓结婚。

第十条 经婚前医学检查，对诊断患有医学上认为不宜生育的严重遗传性疾病的，医师应当向男女双方说明情况，提出医学意见；经男女双方同意，采取长效避孕措施或者施行结扎手术后不生育的，可以结婚。但《中华人民共和国婚姻法》规定禁止结婚的除外。

第十一条 接受婚前医学检查的人员对检查结果持有异议的，可以申请医学技术鉴定，取得医学鉴定证明。

第十二条 男女双方在结婚登记时，应当持有婚前医学检查证明或者医学鉴定证明。

第十三条 省、自治区、直辖市人民政府根据本地区的实际情况，制定婚前医学检查制度实施办法。

省、自治区、直辖市人民政府对婚前医学检查应当规定合理的收费标准，对边远贫困地区或者交费确有困难的人员应当给予减免。

第三章 孕产期保健

第十四条 医疗保健机构应当为育龄妇女和孕产妇提供孕产期保健服务。

孕产期保健服务包括下列内容：

（一）母婴保健指导：对孕育健康后代以及严重遗传性疾病和碘缺乏病等地方病的发病原因、治疗和预防方法提供医学意见；

（二）孕妇、产妇保健：为孕妇、产妇提供卫生、营养、心理等方面的咨询和指导以及产前定期检查等医疗保健服务；

（三）胎儿保健：为胎儿生长发育进行监护，提供咨询和医学指导；

（四）新生儿保健：为新生儿生长发育、哺乳和护理提供医疗保健服务。

第十五条 对患严重疾病或者接触致畸物质，妊娠可能危及孕妇生命安全或者可能严重影响孕妇健康和胎儿正常发育的，医疗保健机构应当予以医学指导。

第十六条 医师发现或者怀疑患严重遗传性疾病的育龄夫妻，应当提出医学意见。育龄夫妻应当根据医师的医学意见采取相应的措施。

第十七条 经产前检查，医师发现或者怀疑胎儿异常的，应当对孕妇进行产前诊断。

第十八条 经产前诊断，有下列情形之一的，医师应当向夫妻双方说明情况，并提出终止妊娠的医学意见：

（一）胎儿患严重遗传性疾病的；

（二）胎儿有严重缺陷的；

（三）因患严重疾病，继续妊娠可能危及孕妇生命安全或者严重危害孕妇健康的。

第十九条 依照本法规定施行终止妊娠或者结扎手术，应当经本人同意，并签署意见。本人无行为能力的，应当经其监护人同意，并签署意见。

依照本法规定施行终止妊娠或者结扎手术的，接受免费服务。

第二十条 生育过严重缺陷患儿的妇女再次妊娠前，夫妻双方应当到县级以上医疗保健机构接受医学检查。

第二十一条 医师和助产人员应当严格遵守有关操作规程，提高助产技术和服务质量，预防和减少产伤。

第二十二条 不能住院分娩的孕妇应当由经过培训合格的接生人员实行消毒接生。

第二十三条 医疗保健机构和从事家庭接生的人员按照国务院

卫生行政部门的规定，出具统一制发的新生儿出生医学证明；有产妇和婴儿死亡以及新生儿出生缺陷情况的，应当向卫生行政部门报告。

第二十四条 医疗保健机构为产妇提供科学育儿、合理营养和母乳喂养的指导。

医疗保健机构对婴儿进行体格检查和预防接种，逐步开展新生儿疾病筛查、婴儿多发病和常见病防治等医疗保健服务。

第四章 技术鉴定

第二十五条 县级以上地方人民政府可以设立医学技术鉴定组织，负责对婚前医学检查、遗传病诊断和产前诊断结果有异议的进行医学技术鉴定。

第二十六条 从事医学技术鉴定的人员，必须具有临床经验和医学遗传学知识，并具有主治医师以上的专业技术职务。

医学技术鉴定组织的组成人员，由卫生行政部门提名，同级人民政府聘任。

第二十七条 医学技术鉴定实行回避制度。凡与当事人有利害关系，可能影响公正鉴定的人员，应当回避。

第五章 行政管理

第二十八条 各级人民政府应当采取措施，加强母婴保健工作，提高医疗保健服务水平，积极防治由环境因素所致严重危害母亲和婴儿健康的地方性高发性疾病，促进母婴保健事业的发展。

第二十九条 县级以上地方人民政府卫生行政部门管理本行政

区域内的母婴保健工作。

第三十条 省、自治区、直辖市人民政府卫生行政部门指定的医疗保健机构负责本行政区域内的母婴保健监测和技术指导。

第三十一条 医疗保健机构按照国务院卫生行政部门的规定，负责其职责范围内的母婴保健工作，建立医疗保健工作规范，提高医学技术水平，采取各种措施方便人民群众，做好母婴保健服务工作。

第三十二条 医疗保健机构依照本法规定开展婚前医学检查、遗传病诊断、产前诊断以及施行结扎手术和终止妊娠手术的，必须符合国务院卫生行政部门规定的条件和技术标准，并经县级以上地方人民政府卫生行政部门许可。

严禁采用技术手段对胎儿进行性别鉴定，但医学上确有需要的除外。

第三十三条 从事本法规定的遗传病诊断、产前诊断的人员，必须经过省、自治区、直辖市人民政府卫生行政部门的考核，并取得相应的合格证书。

从事本法规定的婚前医学检查、施行结扎手术和终止妊娠手术的人员以及从事家庭接生的人员，必须经过县级以上地方人民政府卫生行政部门的考核，并取得相应的合格证书。

第三十四条 从事母婴保健工作的人员应当严格遵守职业道德，为当事人保守秘密。

第六章 法律责任

第三十五条 未取得国家颁发的有关合格证书的，有下列行为之一，县级以上地方人民政府卫生行政部门应当予以制止，并可以根据情节给予警告或者处以罚款：

（一）从事婚前医学检查、遗传病诊断、产前诊断或者医学技术鉴定的；

（二）施行终止妊娠手术的；

（三）出具本法规定的有关医学证明的。

上款第（三）项出具的有关医学证明无效。

第三十六条 未取得国家颁发的有关合格证书，施行终止妊娠手术或者采取其他方法终止妊娠，致人死亡、残疾、丧失或者基本丧失劳动能力的，依照刑法有关规定追究刑事责任。

第三十七条 从事母婴保健工作的人员违反本法规定，出具有关虚假医学证明或者进行胎儿性别鉴定的，由医疗保健机构或者卫生行政部门根据情节给予行政处分；情节严重的，依法取消执业资格。

第七章 附 则

第三十八条 本法下列用语的含义：

指定传染病，是指《中华人民共和国传染病防治法》中规定的艾滋病、淋病、梅毒、麻风病以及医学上认为影响结婚和生育的其他传染病。

严重遗传性疾病，是指由于遗传因素先天形成，患者全部或者部分丧失自主生活能力，后代再现风险高，医学上认为不宜生育的遗传性疾病。

有关精神病，是指精神分裂症、躁狂抑郁型精神病以及其他重型精神病。

产前诊断，是指对胎儿进行先天性缺陷和遗传性疾病的诊断。

第三十九条 本法自 1995 年 6 月 1 日起施行。

社会抚养费征收管理办法

（2002年8月2日中华人民共和国国务院令第357号公布　自2002年9月1日起施行）

第一条　为了规范社会抚养费的征收管理，维护计划生育基本国策，保护公民的合法权益，实现人口与经济、社会、资源、环境的协调发展，根据《中华人民共和国人口与计划生育法》（以下简称人口与计划生育法），制定本办法。

第二条　公民享有依法生育的权利，同时应当依法履行计划生育的义务，其生育行为应当符合人口与计划生育法的规定。

地方各级人民政府和县级以上各级人民政府计划生育行政部门应当采取综合措施，做好计划生育宣传教育、避孕节育服务等经常性工作，使本行政区域内公民的生育行为符合人口与计划生育法的规定。

第三条　不符合人口与计划生育法第十八条的规定生育子女的公民，应当依照本办法的规定缴纳社会抚养费。

社会抚养费的征收标准，分别以当地城镇居民年人均可支配收入和农村居民年人均纯收入为计征的参考基本标准，结合当事人的实际收入水平和不符合法律、法规规定生育子女的情节，确定征收数额。社会抚养费的具体征收标准由省、自治区、直辖市规定。

任何单位和个人不得违反法律、法规的规定擅自增设与计划生育有关的收费项目，提高社会抚养费征收标准。

第四条　社会抚养费的征收，由县级人民政府计划生育行政部门作出书面征收决定；县级人民政府计划生育行政部门可以委托乡

（镇）人民政府或者街道办事处作出书面征收决定。

第五条 不符合人口与计划生育法第十八条规定生育子女的流动人口的社会抚养费的征收，按照下列规定办理：

（一）当事人的生育行为发生在其现居住地的，由现居住地县级人民政府计划生育行政部门按照现居住地的征收标准作出征收决定；

（二）当事人的生育行为发生在其户籍所在地的，由户籍所在地县级人民政府计划生育行政部门按照户籍所在地的征收标准作出征收决定；

（三）当事人的生育行为发生时，其现居住地或者户籍所在地县级人民政府计划生育行政部门均未发现的，此后由首先发现其生育行为的县级人民政府计划生育行政部门按照当地的征收标准作出征收决定。

当事人在一地已经被征收社会抚养费的，在另一地不因同一事实再次被征收社会抚养费。

第六条 社会抚养费的征收决定，自送达当事人之日起生效。当事人应当自收到征收决定之日起30日内一次性缴纳社会抚养费。

当事人一次性缴纳社会抚养费确有实际困难的，应当自收到征收决定之日起30日内向作出征收决定的县级人民政府计划生育行政部门提出分期缴纳的书面申请，并提供有关证明材料。县级人民政府计划生育行政部门应当自收到当事人的申请之日起30日内作出批准或者不批准分期缴纳的决定，并书面通知当事人。

征收社会抚养费，应当向当事人出具由省、自治区、直辖市人民政府财政部门统一印制的社会抚养费收据。

第七条 社会抚养费的具体征收、缴纳方式，由省、自治区、直辖市根据当地实际情况规定。

第八条 当事人未在规定的期限内缴纳社会抚养费的，自欠缴之日起每月加收欠缴社会抚养费的2‰的滞纳金；仍不缴纳的，由作出征收决定的计划生育行政部门依法申请人民法院强制执行。

第九条 当事人对征收决定不服的，可以依法申请行政复议或者提起行政诉讼。

行政复议或者行政诉讼期间，征收决定不停止执行；但是，行政复议法、行政诉讼法另有规定的除外。

第十条 社会抚养费及滞纳金应当全部上缴国库，按照国务院财政部门的规定纳入地方财政预算管理；任何单位和个人不得截留、挪用、贪污、私分。

计划生育工作必要的经费，由各级人民政府财政予以保障。

第十一条 县级以上人民政府计划生育、财政、计划（物价）、审计、监察等部门，应当加强对社会抚养费征收管理工作的监督、检查。

第十二条 当事人所在单位或者村民委员会、城市居民委员会，应当依法配合做好社会抚养费的征收工作。

第十三条 违反法律、法规的规定，擅自增设与计划生育有关的收费项目或者擅自提高社会抚养费征收标准的，依照《违反行政事业性收费和罚没收入收支两条线管理规定行政处分暂行规定》处理。

第十四条 截留、挪用、贪污、私分社会抚养费的，依照刑法关于贪污罪、挪用公款罪、私分国有资产罪的规定，依法追究刑事责任；尚不够刑事处罚的，对直接负责的主管人员和其他直接责任人员依法给予降级、撤职或者开除的行政处分。

第十五条 本办法自2002年9月1日起施行。

计划生育技术服务管理条例

（2001 年 6 月 13 日国务院令第 309 号公布　2004 年 12 月 10 日国务院令第 428 号修订）

第一章　总　　则

第一条　为了加强对计划生育技术服务工作的管理，控制人口数量，提高人口素质，保障公民的生殖健康权利，制定本条例。

第二条　在中华人民共和国境内从事计划生育技术服务活动的机构及其人员应当遵守本条例。

第三条　计划生育技术服务实行国家指导和个人自愿相结合的原则。

公民享有避孕方法的知情选择权。国家保障公民获得适宜的计划生育技术服务的权利。

国家向农村实行计划生育的育龄夫妻免费提供避孕、节育技术服务，所需经费由地方财政予以保障，中央财政对西部困难地区给予适当补助。

第四条　国务院计划生育行政部门负责管理全国计划生育技术服务工作。国务院卫生行政等有关部门在各自的职责范围内，配合计划生育行政部门做好计划生育技术服务工作。

第五条　计划生育技术服务网络由计划生育技术服务机构和从事计划生育技术服务的医疗、保健机构组成，并纳入区域卫生规划。

国家依靠科技进步提高计划生育技术服务质量，鼓励研究、开发、引进和推广计划生育新技术、新药具。

第二章 技术服务

第六条 计划生育技术服务包括计划生育技术指导、咨询以及与计划生育有关的临床医疗服务。

第七条 计划生育技术指导、咨询包括下列内容：

（一）生殖健康科普宣传、教育、咨询；

（二）提供避孕药具及相关的指导、咨询、随访；

（三）对已经施行避孕、节育手术和输卵（精）管复通手术的，提供相关的咨询、随访。

第八条 县级以上城市从事计划生育技术服务的机构可以在批准的范围内开展下列与计划生育有关的临床医疗服务：

（一）避孕和节育的医学检查；

（二）计划生育手术并发症和计划生育药具不良反应的诊断、治疗；

（三）施行避孕、节育手术和输卵（精）管复通手术；

（四）开展围绕生育、节育、不育的其他生殖保健项目。具体项目由国务院计划生育行政部门、卫生行政部门共同规定。

第九条 乡级计划生育技术服务机构可以在批准的范围内开展下列计划生育技术服务项目：

（一）放置宫内节育器；

（二）取出宫内节育器；

（三）输卵（精）管结扎术；

（四）早期人工终止妊娠术。

乡级计划生育技术服务机构开展上述全部或者部分项目的，应当依照本条例的规定，向所在地设区的市级人民政府计划生育行政部门提出申请。设区的市级人民政府计划生育行政部门应当根据其申请的项目，进行逐项审查。对符合本条例规定条件的，应当予以批准，并在其执业许可证上注明获准开展的项目。

第十条 乡级计划生育技术服务机构申请开展本条例第九条规定的项目，应当具备下列条件：

（一）具有1名以上执业医师或者执业助理医师；其中，申请开展输卵（精）管结扎术、早期人工终止妊娠术的，必须具备1名以上执业医师；

（二）具有与申请开展的项目相适应的诊疗设备；

（三）具有与申请开展的项目相适应的抢救设施、设备、药品和能力，并具有转诊条件；

（四）具有保证技术服务安全和服务质量的管理制度；

（五）符合与申请开展的项目有关的技术标准和条件。

具体的技术标准和条件由国务院卫生行政部门会同国务院计划生育行政部门制定。

第十一条 各级计划生育行政部门和卫生行政部门应当定期互相通报开展与计划生育有关的临床医疗服务的审批情况。

计划生育技术服务机构开展本条例第八条、第九条规定以外的其他临床医疗服务，应当依照《医疗机构管理条例》的有关规定进行申请、登记和执业。

第十二条 因生育病残儿要求再生育的，应当向县级人民政府计划生育行政部门申请医学鉴定，经县级人民政府计划生育行政部门初审同意后，由设区的市级人民政府计划生育行政部门组织医学专家进行医学鉴定；当事人对医学鉴定有异议的，可以向省、自治区、直辖市人民政府计划生育行政部门申请再鉴定。省、自治区、直辖市人民政府计划生育行政部门组织的医学鉴定为终局鉴定。具体办法由国务院计划生育行政部门会同国务院卫生行政部门制定。

第十三条 向公民提供的计划生育技术服务和药具应当安全、有效，符合国家规定的质量技术标准。

第十四条 国务院计划生育行政部门定期编制并发布计划生育技术、药具目录，指导列入目录的计划生育技术、药具的推广和应用。

第十五条 开展计划生育科技项目和计划生育国际合作项目，应当经国务院计划生育行政部门审核批准，并接受项目实施地县级以上地方人民政府计划生育行政部门的监督管理。

第十六条 涉及计划生育技术的广告，其内容应当经省、自治区、直辖市人民政府计划生育行政部门审查同意。

第十七条 从事计划生育技术服务的机构施行避孕、节育手术、特殊检查或者特殊治疗时，应当征得受术者本人同意，并保证受术者的安全。

第十八条 任何机构和个人不得进行非医学需要的胎儿性别鉴定或者选择性别的人工终止妊娠。

第三章 机构及其人员

第十九条 从事计划生育技术服务的机构包括计划生育技术服务机构和从事计划生育技术服务的医疗、保健机构。

第二十条 从事计划生育技术服务的机构，必须符合国务院计划生育行政部门规定的设置标准。

第二十一条 设立计划生育技术服务机构，由设区的市级以上地方人民政府计划生育行政部门批准，发给《计划生育技术服务机构执业许可证》，并在《计划生育技术服务机构执业许可证》上注明获准开展的计划生育技术服务项目。

第二十二条 从事计划生育技术服务的医疗、保健机构，由县级以上地方人民政府卫生行政部门审查批准，在其《医疗机构执业许可证》上注明获准开展的计划生育技术服务项目，并向同级计划生育行政部门通报。

第二十三条 乡、镇已有医疗机构的，不再新设立计划生育技术服务机构；但是，医疗机构内必须设有计划生育技术服务科（室），专门从事计划生育技术服务工作。乡、镇既有医疗机构，又有计划生育技术服务机构的，各自在批准的范围内开展计划生育技术服务工作。乡、镇没有医疗机构，需要设立计划生育技术服务机构的，应当依照本条例第二十一条的规定从严审批。

第二十四条 计划生育技术服务机构从事产前诊断的，应当经省、自治区、直辖市人民政府计划生育行政部门同意后，由同级卫生行政部门审查批准，并报国务院计划生育行政部门和国务院卫生行政部门备案。

从事计划生育技术服务的机构使用辅助生育技术治疗不育症的，由省级以上人民政府卫生行政部门审查批准，并向同级计划生育行政部门通报。使用辅助生育技术治疗不育症的具体管理办法，由国务院卫生行政部门会同国务院计划生育行政部门制定。使用辅助生育技术治疗不育症的技术规范，由国务院卫生行政部门征求国务院计划生育行政部门意见后制定。

第二十五条 从事计划生育技术服务的机构的执业许可证明文件每三年由原批准机关校验一次。

从事计划生育技术服务的机构的执业许可证明文件不得买卖、出借、出租，不得涂改、伪造。

从事计划生育技术服务的机构的执业许可证明文件遗失的，应当自发现执业许可证明文件遗失之日起30日内向原发证机关申请补发。

第二十六条 从事计划生育技术服务的机构应当按照批准的业务范围和服务项目执业，并遵守有关法律、行政法规和国务院卫生行政部门制定的医疗技术常规和抢救与转诊制度。

第二十七条 县级以上地方人民政府计划生育行政部门应当对本行政区域内的计划生育技术服务工作进行定期检查。

第二十八条 国家建立避孕药具流通管理制度。具体办法由国务院药品监督管理部门会同国务院计划生育行政部门及其他有关主管部门制定。

第二十九条 计划生育技术服务人员中依据本条例的规定从事与计划生育有关的临床服务人员，应当依照执业医师法和国家有关护士管理的规定，分别取得执业医师、执业助理医师、乡村医生或者护士的资格，并在依照本条例设立的机构中执业。在计划生育技术服务机构执业的执业医师和执业助理医师应当依照执业医师法的规定向所在地县级以上地方人民政府卫生行政部门申请注册。具体办法由国务院计划生育行政部门、卫生行政部门共同制定。

个体医疗机构不得从事计划生育手术。

第三十条 计划生育技术服务人员必须按照批准的服务范围、服务项目、手术术种从事计划生育技术服务，遵守与执业有关的法律、法规、规章、技术常规、职业道德规范和管理制度。

第四章 监督管理

第三十一条 国务院计划生育行政部门负责全国计划生育技术服务的监督管理工作。县级以上地方人民政府计划生育行政部门负责本行政区域内计划生育技术服务的监督管理工作。

县级以上人民政府卫生行政部门依据本条例的规定，负责对从事计划生育技术服务的医疗、保健机构的监督管理工作。

第三十二条 国家建立计划生育技术服务统计制度和计划生育技术服务事故、计划生育手术并发症和计划生育药具不良反应的鉴定制度和报告制度。

计划生育手术并发症鉴定和管理办法由国务院计划生育行政部门会同国务院卫生行政部门制定。

从事计划生育技术服务的机构发生计划生育技术服务事故、发现计划生育手术并发症和计划生育药具不良反应的，应当在国务院计划生育行政部门规定的时限内同时向所在地人民政府计划生育行政部门和卫生行政部门报告；对计划生育技术服务重大事故、计划生育手术严重的并发症和计划生育药具严重的或者新出现的不良反应，应当同时逐级向上级人民政府计划生育行政部门、卫生行政部门和国务院计划生育行政部门、卫生行政部门报告。

第三十三条 国务院计划生育行政部门会同国务院卫生行政部门汇总、分析计划生育技术服务事故、计划生育手术并发症和计划生育药具不良反应的数据，并应当及时向有关部门通报。国务院计划生育行政部门应当按照国家有关规定及时公布计划生育技术服务重大事故、计划生育手术严重的并发症和计划生育药具严重的或者新出现的不良反应，并可以授权省、自治区、直辖市计划生育行政部门及时公布和通报本行政区域内计划生育技术服务事故、计划生育手术并发症和计划生育药具不良反应。

第五章 罚 则

第三十四条 计划生育技术服务机构或者医疗、保健机构以外的机构或者人员违反本条例的规定，擅自从事计划生育技术服务的，由县级以上地方人民政府计划生育行政部门依据职权，责令改正，给予警告，没收违法所得和有关药品、医疗器械；违法所得5000元以上的，并处违法所得2倍以上5倍以下的罚款；没有违法所得或者违法所得不足5000元的，并处5000元以上2万元以下的罚款；造成严重后果，构成犯罪的，依法追究刑事责任。

第三十五条 计划生育技术服务机构违反本条例的规定，未经批准擅自从事产前诊断和使用辅助生育技术治疗不育症的，由县级以上地方人民政府卫生行政部门会同计划生育行政部门依据职权，责令改正，给予警告，没收违法所得和有关药品、医疗器械；违法所得5000元以上的，并处违法所得2倍以上5倍以下的罚款；没有违法所得或者违法所得不足5000元的，并处5000元以上2万元以下的罚款；情节严重的，并由原发证部门吊销计划生育技术服务的执业资格。

第三十六条 违反本条例的规定，逾期不校验计划生育技术服务执业许可证明文件，继续从事计划生育技术服务的，由原发证部门责令限期补办校验手续；拒不校验的，由原发证部门吊销计划生育技术服务的执业资格。

第三十七条 违反本条例的规定，买卖、出借、出租或者涂改、伪造计划生育技术服务执业许可证明文件的，由原发证部门责令改正，没收违法所得；违法所得3000元以上的，并处违法所得2倍以上5倍以下的罚款；没有违法所得或者违法所得不足3000元的，并处3000元以上5000元以下的罚款；情节严重的，并由原发证部门吊销相关的执业资格。

第三十八条 从事计划生育技术服务的机构违反本条例第三条第三款的规定，向农村实行计划生育的育龄夫妻提供避孕、节育技术服务，收取费用的，由县级地方人民政府计划生育行政部门责令退还所收费用，给予警告，并处所收费用2倍以上5倍以下的罚款；情节严重的，并对该机构的正职负责人、直接负责的主管人员和其他直接责任人员给予降级或者撤职的行政处分。

第三十九条 从事计划生育技术服务的机构违反本条例的规定，未经批准擅自扩大计划生育技术服务项目的，由原发证部门责令改正，给予警告，没收违法所得；违法所得5000元以上的，并处违法所得2倍以上5倍以下的罚款；没有违法所得或者违法所得不足5000元的，并处5000元以上2万元以下的罚款；情节严重的，并由原发证部门吊销计划生育技术服务的执业资格。

第四十条 从事计划生育技术服务的机构违反本条例的规定，使用没有依法取得相应的医师资格的人员从事与计划生育技术服务有关的临床医疗服务的，由县级以上人民政府卫生行政部门依据职权，责令改正，没收违法所得；违法所得3000元以上的，并处违法所得1倍以上3倍以下的罚款；没有违法所得或者违法所得不足3000元的，并处3000元以上5000元以下的罚款；情节严重的，并由原发证部门吊销计划生育技术服务的执业资格。

第四十一条 从事计划生育技术服务的机构出具虚假证明文件，构成犯罪的，依法追究刑事责任；尚不构成犯罪的，由原发证部门责令改正，给予警告，没收违法所得；违法所得5000元以上的，并处违法所得2倍以上5倍以下的罚款；没有违法所得或者违法所得不足5000元的，并处5000元以上2万元以下的罚款；情节严重的，并由原发证部门吊销计划生育技术服务的执业资格。

第四十二条 计划生育行政部门、卫生行政部门违反规定，批准不具备规定条件的计划生育技术服务机构或者医疗、保健机构开展与计划生育有关的临床医疗服务项目，或者不履行监督职责，或者发现违法行为不予查处，导致计划生育技术服务重大事故发生的，对该部门的正职负责人、直接负责的主管人员和其他直接责任人员给予降级或者撤职的行政处分；构成犯罪的，依法追究刑事责任。

第六章　附　　则

第四十三条　依照本条例的规定，乡级计划生育技术服务机构开展本条例第九条规定的项目发生计划生育技术服务事故的，由计划生育行政部门行使依照《医疗事故处理条例》有关规定由卫生行政部门承担的受理、交由负责医疗事故技术鉴定工作的医学会组织鉴定和赔偿调解的职能；对发生计划生育技术服务事故的该机构及其有关责任人员，依法进行处理。

第四十四条　设区的市级以上地方人民政府计划生育行政部门应当自《国务院关于修改〈计划生育技术服务管理条例〉的决定》施行之日起 6 个月内，对本行政区域内已经获得批准开展本条例第九条规定的项目的乡级计划生育技术服务机构，依照本条例第十条规定的条件重新进行检查；对不符合条件的，应当责令其立即停止开展相应的项目，并收回原批准文件。

第四十五条　在乡村计划生育技术服务机构或者乡村医疗、保健机构中从事计划生育技术服务的人员，符合本条例规定的，可以经认定取得执业资格；不具备本条例规定条件的，按照国务院的有关规定执行。

第四十六条　本条例自 2001 年 10 月 1 日起施行。

流动人口计划生育工作条例

（2009年5月11日国务院令第555号公布　自2009年10月1日起施行）

第一条　为了加强流动人口计划生育工作，寓管理于服务之中，维护流动人口的合法权益，稳定低生育水平，根据《中华人民共和国人口与计划生育法》，制定本条例。

第二条　本条例所称流动人口，是指离开户籍所在地的县、市或者市辖区，以工作、生活为目的异地居住的成年育龄人员。但是，下列人员除外：

（一）因出差、就医、上学、旅游、探亲、访友等事由异地居住、预期将返回户籍所在地居住的人员；

（二）在直辖市、设区的市行政区域内区与区之间异地居住的人员。

第三条　县级以上地方人民政府领导本行政区域内流动人口计划生育工作，将流动人口计划生育工作纳入本地经济社会发展规划，并提供必要的保障；建立健全流动人口计划生育工作协调机制，组织协调有关部门对流动人口计划生育工作实行综合管理；实行目标管理责任制，对有关部门承担的流动人口计划生育工作进行考核、监督。

第四条　流动人口计划生育工作由流动人口户籍所在地和现居住地的人民政府共同负责，以现居住地人民政府为主，户籍所在地人民政府予以配合。

第五条　国务院人口和计划生育部门主管全国流动人口计划

生育工作，制定流动人口计划生育工作规划并组织实施；建立流动人口计划生育信息管理系统，实现流动人口户籍所在地和现居住地计划生育信息共享，并与相关部门有关人口的信息管理系统实现信息共享。

县级以上地方人民政府人口和计划生育部门主管本行政区域内流动人口计划生育工作，落实本级人民政府流动人口计划生育管理和服务措施；组织实施流动人口计划生育工作检查和考核；建立流动人口计划生育信息通报制度，汇总、通报流动人口计划生育信息；受理并及时处理与流动人口计划生育工作有关的举报，保护流动人口相关权益。

县级以上人民政府公安、民政、人力资源社会保障、住房城乡建设、卫生、价格等部门和县级以上工商行政管理部门在各自职责范围内，负责有关的流动人口计划生育工作。

第六条 乡（镇）人民政府、街道办事处负责本管辖区域内流动人口计划生育工作，对流动人口实施计划生育管理，开展计划生育宣传教育；组织从事计划生育技术服务的机构指导流动人口中的育龄夫妻（以下称育龄夫妻）选择安全、有效、适宜的避孕节育措施，依法向育龄夫妻免费提供国家规定的基本项目的计划生育技术服务。

流动人口现居住地和户籍所在地的乡（镇）人民政府、街道办事处之间建立流动人口计划生育信息通报制度，及时采集流动人口计划生育信息，运用流动人口计划生育信息管理系统核实、通报流动人口计划生育信息。

第七条 流动人口中的成年育龄妇女（以下称成年育龄妇女）在离开户籍所在地前，应当凭本人居民身份证到户籍所在地的乡（镇）人民政府或者街道办事处办理婚育证明；已婚的，办理婚育证明还应当出示结婚证。婚育证明应当载明成年育龄妇女的姓名、年龄、公民身份号码、婚姻状况、配偶信息、生育状况、避孕节育情况等内容。

流动人口户籍所在地的乡（镇）人民政府、街道办事处应当及时出具婚育证明。

第八条 成年育龄妇女应当自到达现居住地之日起30日内提交婚育证明。成年育龄妇女可以向现居住地的乡（镇）人民政府或者街道办事处提交婚育证明，也可以通过村民委员会、居民委员会向现居住地的乡（镇）人民政府或者街道办事处提交婚育证明。

流动人口现居住地的乡（镇）人民政府、街道办事处应当查验婚育证明，督促未办理婚育证明的成年育龄妇女及时补办婚育证明；告知流动人口在现居住地可以享受的计划生育服务和奖励、优待，以及应当履行的计划生育相关义务。

村民委员会、居民委员会应当协助乡（镇）人民政府、街道办事处开展本条第二款规定的工作，做好流动人口婚育情况登记。

第九条 流动人口现居住地的县级人民政府公安、民政、人力资源社会保障、卫生等部门和县级工商行政管理部门应当结合部门职责，将流动人口计划生育工作纳入相关管理制度；及时向所在地同级人口和计划生育部门通报在办理有关登记和证照等工作中了解的流动人口婚育证明办理情况等计划生育信息。

接到通报的人口和计划生育部门应当及时会同乡（镇）人民政府、街道办事处落实流动人口计划生育管理和服务措施。

第十条 流动人口在现居住地享受下列计划生育服务和奖励、优待：

（一）免费参加有关人口与计划生育法律知识和生殖健康知识普及活动；

（二）依法免费获得避孕药具，免费享受国家规定的其他基本项目的计划生育技术服务；

（三）晚婚晚育或者在现居住地施行计划生育手术的，按照现居住地省、自治区、直辖市或者较大的市的规定，享受休假等；

（四）实行计划生育的，按照流动人口现居住地省、自治区、直辖市或者较大的市的规定，在生产经营等方面获得支持、优惠，在社会救济等方面享受优先照顾。

第十一条　流动人口现居住地的地方各级人民政府和县级以上地方人民政府有关部门应当采取措施，落实本条例第十条规定的流动人口计划生育服务和奖励、优待。

流动人口户籍所在地的地方各级人民政府和县级以上地方人民政府有关部门应当依法落实法律、法规和规章规定的流动人口计划生育服务和奖励、优待。

第十二条　育龄夫妻应当自觉落实计划生育避孕节育措施，接受户籍所在地和现居住地人民政府的计划生育管理。

第十三条　流动人口现居住地从事计划生育技术服务的机构应当按照所在地省、自治区、直辖市或者较大的市的规定，为已婚育龄妇女出具避孕节育情况证明。

流动人口现居住地的乡（镇）人民政府或者街道办事处应当根据已婚育龄妇女的避孕节育情况证明，及时向其户籍所在地的乡（镇）人民政府或者街道办事处通报流动人口避孕节育情况。流动人口户籍所在地的县级人民政府人口和计划生育部门、乡（镇）人民政府或者街道办事处不得要求已婚育龄妇女返回户籍所在地进行避孕节育情况检查。

第十四条　流动人口现居住地的村民委员会、居民委员会应当协助所在地的乡（镇）人民政府或者街道办事处了解本村或者本居住地区流动人口计划生育情况，及时向乡（镇）人民政府或者街道办事处通报相关信息。

房屋租赁中介机构、房屋的出租（借）人和物业服务企业等有关组织和个人在村民委员会、居民委员会了解流动人口计划生育情况时，应当如实提供相关信息。

第十五条 用人单位应当做好本单位流动人口计划生育工作，依法落实法律、法规和规章规定的流动人口计划生育奖励、优待，接受所在地的乡（镇）人民政府或者街道办事处和县级以上地方人民政府人口和计划生育部门的监督、检查。

第十六条 育龄夫妻生育第一个子女的，可以在现居住地的乡（镇）人民政府或者街道办事处办理生育服务登记。办理生育服务登记，应当提供下列证明材料：

（一）夫妻双方的居民身份证；

（二）结婚证；

（三）女方的婚育证明和男方户籍所在地的乡（镇）人民政府或者街道办事处出具的婚育情况证明材料。

育龄夫妻现居住地的乡（镇）人民政府或者街道办事处应当自收到女方的婚育证明和男方的婚育情况证明材料之日起7个工作日内，向育龄夫妻户籍所在地的乡（镇）人民政府或者街道办事处核实有关情况。育龄夫妻户籍所在地的乡（镇）人民政府或者街道办事处应当自接到核实要求之日起15个工作日内予以反馈。核查无误的，育龄夫妻现居住地的乡（镇）人民政府或者街道办事处应当在接到情况反馈后即时办理生育服务登记；情况有误、不予办理的，应当书面说明理由。

现居住地的乡（镇）人民政府或者街道办事处应当自办理生育服务登记之日起15个工作日内向育龄夫妻户籍所在地的乡（镇）人民政府或者街道办事处通报办理结果。

第十七条 出具婚育证明或者其他计划生育证明材料，不得收取任何费用。

流动人口计划生育工作所需经费，按照国家有关规定予以保障。

第十八条　地方各级人民政府和政府有关部门以及协助查验婚育证明的村民委员会、居民委员会及其工作人员，应当对涉及公民隐私的流动人口信息予以保密。

第十九条　县级以上人民政府人口和计划生育部门未依照本条例的规定履行流动人口计划生育工作职责的，由本级人民政府或者上级人民政府人口和计划生育部门责令改正，通报批评；情节严重的，对主要负责人、直接负责的主管人员和其他直接责任人员依法给予处分。

第二十条　流动人口户籍所在地的乡（镇）人民政府或者街道办事处在流动人口计划生育工作中有下列情形之一的，分别由乡（镇）人民政府的上级人民政府或者设立街道办事处的人民政府责令改正，通报批评；情节严重的，对主要负责人、直接负责的主管人员和其他直接责任人员依法给予处分：

（一）未依照本条例规定为流动人口出具计划生育证明材料，出具虚假计划生育证明材料，或者出具计划生育证明材料收取费用的；

（二）违反本条例规定，要求已婚育龄妇女返回户籍所在地进行避孕节育情况检查的；

（三）未依法落实流动人口计划生育奖励、优待的；

（四）未依照本条例规定向流动人口现居住地的乡（镇）人民政府、街道办事处反馈流动人口计划生育信息的；

（五）违反本条例规定的其他情形。

第二十一条　流动人口现居住地的乡（镇）人民政府或者街道办事处在流动人口计划生育工作中有下列情形之一的，分别由乡（镇）人民政府的上级人民政府或者设立街道办事处的人民政府责令改正，通报批评；情节严重的，对主要负责人、直接负责的主管人员和其他直接责任人员依法给予处分：

（一）未依照本条例规定向育龄夫妻免费提供国家规定的基本项目的计划生育技术服务，或者未依法落实流动人口计划生育奖励、优待的；

（二）未依照本条例规定查验婚育证明的；

（三）未依照本条例规定为育龄夫妻办理生育服务登记，或者出具虚假计划生育证明材料，或者出具计划生育证明材料收取费用的；

（四）未依照本条例规定向流动人口户籍所在地的乡（镇）人民政府、街道办事处通报流动人口计划生育信息的；

（五）违反本条例规定的其他情形。

第二十二条 流动人口现居住地的县级人民政府公安、民政、人力资源社会保障、卫生等部门和县级工商行政管理部门违反本条例第九条规定的，由本级人民政府或者上级人民政府主管部门责令改正，通报批评。

第二十三条 流动人口未依照本条例规定办理婚育证明的，现居住地的乡（镇）人民政府或者街道办事处应当通知其在3个月内补办；逾期仍不补办或者拒不提交婚育证明的，由流动人口现居住地的乡（镇）人民政府或者街道办事处予以批评教育。

第二十四条 用人单位违反本条例第十五条规定的，由所在地县级人民政府人口和计划生育部门责令改正，通报批评。

房屋租赁中介机构、房屋的出租（借）人和物业服务企业等有关组织或者个人未依照本条例规定如实提供流动人口信息的，由所在地的乡（镇）人民政府或者街道办事处责令改正，予以批评教育。

第二十五条 本条例自2009年10月1日起施行。1998年8月6日国务院批准、1998年9月22日原国家计划生育委员会发布的《流动人口计划生育工作管理办法》同时废止。

病残儿医学鉴定管理办法

（2002 年 1 月 18 日国家计划生育委员会令第 7 号公布
自公布之日起施行）

第一章 总 则

第一条 为加强病残儿医学鉴定管理工作，落实计划生育政策，提高出生人口素质，根据《计划生育技术服务管理条例》及国家其他有关法律、法规，制定本办法。

第二条 凡居住在中华人民共和国境内的中华人民共和国公民，其生育的子女因各种原因致病、致残，要求再生育而申请病残儿医学鉴定的，均适用本办法。

第三条 本办法中的病残儿是指因先天（包括遗传性和非遗传性疾病）或后天患病、意外伤害而致残，目前无法治疗或经系统治疗仍不能成长为正常劳动力的。

第四条 病残儿医学鉴定是指病残儿医学鉴定的专门组织，运用现代医学知识、技术和手段，对被鉴定者作出是否为病残及其程度的鉴定结论，并根据《病残儿医学鉴定诊断标准及其父母再生育的指导原则》提出相应的指导意见。

第五条 国家计划生育委员会负责全国病残儿医学鉴定管理工作。省、设区的市级计划生育行政部门负责辖区内病残儿医学鉴定的组织实施、管理和监督工作。

第二章　鉴定组织

第六条　省级和设区的市级计划生育行政部门建立病残儿医学鉴定专家库。专家库成员由计划生育行政部门聘请认真负责、秉公办事、技术水平高、临床经验丰富、热心计划生育事业，具有副高级以上医学专业技术职称的相关专业人员组成。每次鉴定前根据申请鉴定的数量和病种的分类，从专家库中抽取专家设若干鉴定组，每个鉴定组由 5 名以上专家组成。每个鉴定组设组长 1 名，副组长 1—2 名。

第七条　鉴定组在计划生育行政部门领导下，履行以下职责：

（一）审查申报病残儿医学鉴定的材料是否完备、真实可靠，提出需要补充的有关材料；

（二）进行病残儿医学鉴定，现场实施体格检查并确定相关的辅助检查项目，提出疾病诊断（包括病名、病因、遗传方式）、病残程度、再生育子女出生缺陷再发风险分析，并根据指导原则，提出是否可以再生育及产前诊断的建议；

（三）对暂时难以明确诊断和需要治疗观察的病例，提出处理意见和再次鉴定的时间；

（四）为被鉴定者的父母、亲属做好医学咨询服务；

（五）总结场残儿医学鉴定工作情况，提出改进鉴定工作的建议；

（六）对本级计划生育行政部门委托的本次病残儿医学鉴定负责。

病残儿医学鉴定专家在鉴定期间履行职责。非鉴定期间，任何机构和个人的意见不作为病残儿医学鉴定的依据。

第八条　鉴定组确定的有关辅助检查项目，应在计划生育行政部门指定的计划生育技术服务机构或医疗机构进行。

第九条 鉴定工作由组长或副组长主持。鉴定诊断、鉴定结论必须由鉴定组集体讨论作出。不同意见应当如实记录。参加鉴定的成员应当在鉴定结论上署名，并加盖鉴定专用章。

第三章 鉴定申请与审批

第十条 凡认为其子女有明显伤残或患有严重疾病，符合法律、法规规定条件，要求安排再生育的，均可申请病残儿医学鉴定。

第十一条 申请病残儿医学鉴定原则上应向女方单位或女方户籍所在地的村（居）委会提出书面申请，并提交户口簿、有关病史资料及县级以上地方人民政府计划生育行政部门规定的其他资料。

第十二条 单位或村（居）委会对申请病残儿医学鉴定者的情况进行初步审核，出具书面意见，加盖公章，在接到申请材料之日起20个工作日内报女方户籍所在地的乡（镇、街道）计划生育管理部门。

第十三条 乡（镇、街道）计划生育管理部门应对申请病残儿医学鉴定者的情况进行再次核实并进行必要的社会和家系调查后，在病残儿医学鉴定申请表上签署意见，加盖公章，并在接到申报材料之日起20个工作日内报县级计划生育行政部门。

第十四条 县级计划生育行政部门负责审查申请鉴定的材料是否完备和真实可靠，并签署意见，加盖公章，于鉴定日前30个工作日将所有材料上报设区的市级计划生育行政部门。

第十五条 设区的市级计划生育行政部门根据情况半年或一年组织一次鉴定。

第十六条 受当地医疗技术条件限制不能作出鉴定结论的，由设区的市级鉴定组提出进行省级病残儿医学鉴定的书面意见，经同级计划生育行政部门核准后，申请省级鉴定。

第十七条 当事人对设区的市级鉴定组所作的鉴定结论有异议的，在接到鉴定结论通知书之日起 1 个月内，可向设区的市级计划生育行政部门申请省级鉴定。

设区的市级计划生育行政部门应在收到当事人提交的省级鉴定申请后 30 个工作日内将有关材料上报省级计划生育行政部门。

第十八条 省级计划生育行政部门根据情况定期对申请再鉴定者组织鉴定。

省级鉴定为终局鉴定。

第十九条 省级或设区的市级计划生育行政部门将鉴定结果以书面形式于 30 个工作日内逐级通知县级计划生育行政部门及申请鉴定者。

第四章　管理监督与法律责任

第二十条 负责病残儿医学鉴定的各级计划生育行政部门建立健全档案管理制度。病残儿医学鉴定资料由作出鉴定结论的同级计划生育行政部门长期保存。县级以上计划生育行政部门应对再生育子女健康状况进行随访登记。

第二十一条 病残儿医学鉴定的费用（包括鉴定费和辅助检查费）由申请者自理，收费标准由各省、自治区、直辖市物价部门核定。

第二十二条 鉴定组织依法独立开展工作，任何组织和个人不得干涉鉴定工作。

病残儿医学鉴定涉及的家系调查、社会调查和医学鉴定均实行回避制度。

第二十三条 在病残儿医学鉴定过程中有下列行为之一者，由其所在单位给予行政处分，依据有关法规给予经济处罚，情节严重构成犯罪的，由司法机关追究刑事责任：

（一）为当事人提供伪证或出具假医学诊断证明的；

（二）收受贿赂或向当事人索取财物的；

（三）鉴定人员弄虚作假、循私舞弊、提供不实材料，导致不正确鉴定结论的；

（四）未经正常医学鉴定程序随意作出维持或变更原鉴定结论的；

（五）有其他严重妨碍鉴定工作行为的。

第五章　附　　则

第二十四条　省级计划生育行政部门可根据本地实际情况制定实施本办法的补充规定。病残儿医学鉴定申请表、鉴定结论通知书由省级计划生育行政部门自行制定，报国家计划生育委员会备案。

第二十五条　本办法由国家计划生育委员会负责解释。

第二十六条　本办法自发布之日起施行。国家计划生育委员会于1990年9月30日发布的《独生子女病残儿医学鉴定诊断暂行管理办法》同时废止。

关于禁止非医学需要的胎儿性别鉴定和选择性别的人工终止妊娠的规定

（2002 年 11 月 29 日中华人民共和国国家计划生育委员会、卫生部、国家药品监督管理局令第 8 号公布　自 2003 年 1 月 1 日起施行）

第一条　为了贯彻计划生育基本国策，使出生人口性别比保持在正常的范围内，根据《中华人民共和国人口与计划生育法》、《中华人民共和国母婴保健法》、《中华人民共和国母婴保健法实施办法》和《计划生育技术服务管理条例》，制定本规定。

第二条　县级以上人民政府计划生育、卫生和药品监督管理等行政部门，按照各自职责，对本行政区域内的胎儿性别鉴定和施行终止妊娠手术工作实施监督管理。

县级以上计划生育行政部门在同级人民政府领导下具体负责组织、协调和管理工作。

第三条　禁止非医学需要的胎儿性别鉴定和选择性别的人工终止妊娠。未经卫生行政部门或计划生育行政部门批准，任何机构和个人不得开展胎儿性别鉴定和人工终止妊娠手术。法律法规另有规定的除外。

第四条　市（地）级人民政府卫生行政部门负责初步审查实施医学需要的胎儿性别鉴定的医疗保健机构，报省、自治区、直辖市人民政府卫生行政部门批准，并通报同级人民政府计划生育行政部门。

第五条　县级人民政府卫生行政部门依法对本行政区域内开展终止妊娠手术的医疗保健机构进行定期检查，并将有关情况通报同级人民政府计划生育行政部门。市（地）级人民政府计划生育行政部门依法对本行政区域内开展终止妊娠手术的计划生育技术服务机构进行定期检查。

第六条　实施医学需要的胎儿性别鉴定，应当由实施机构三人以上的专家组集体审核。经诊断，确需终止妊娠的，由实施机构为其出具医学诊断结果，并通报县级人民政府计划生育行政部门。

第七条　符合省、自治区、直辖市人口与计划生育条例规定生育条件，已领取生育服务证，拟实行中期以上（妊娠 14 周以上）非医学需要的终止妊娠手术的，需经县级人民政府计划生育行政部门或所在乡（镇）人民政府、街道办事处计划生育工作机构批准，并取得相应的证明。

已领取生育服务证，未经计划生育行政部门批准擅自终止妊娠的，乡（镇）人民政府、街道办事处或县级人民政府计划生育行政部门应当给予批评教育；在未确认事实前，暂不批准再生育的申请。

第八条　承担施行终止妊娠手术的医务人员，应在手术前查验、登记受术者身份证，以及第六条或第七条规定的医学诊断结果或相应的证明。

施行中期以上终止妊娠手术的医疗保健机构，应定期将施行终止妊娠手术情况汇总，报医疗保健机构所在地的县级人民政府卫生行政部门，同时抄送同级计划生育行政部门；计划生育技术服务机构应定期将施行终止妊娠手术情况汇总，报计划生育技术服务机构所在地的同级人民政府计划生育行政部门。

第九条　终止妊娠的药品（不包括避孕药品，下同），仅限于在获准施行终止妊娠手术的医疗保健机构和计划生育技术服务机构使用。

终止妊娠的药品，必须在医生指导和监护下使用。

第十条 禁止药品零售企业销售终止妊娠药品。

药品生产、批发企业不得将终止妊娠药品销售给未获得施行终止妊娠手术资格的机构和个人。

第十一条 医疗保健机构、计划生育技术服务机构应当在有关工作场所设置禁止非医学需要的胎儿性别鉴定和选择性别的人工终止妊娠的醒目标志。

第十二条 县级以上人民政府卫生行政部门应当会同计划生育行政部门制定对妊娠妇女使用超声诊断仪和染色体检测进行胎儿性别鉴定的管理制度，明确规定对妊娠妇女使用超声诊断仪和染色体检测专用设备的技术人员的资格条件及操作要求。

医疗保健和计划生育技术服务机构应制定相关管理制度，切实加强对有关人员的法制教育和职业道德教育。

第十三条 计划生育行政部门和计划生育技术服务机构应当建立孕情检查制度，做好经常性访视、咨询等服务工作。

基层医疗保健机构应当按照有关规定做好经常性孕期保健服务工作，发现孕妇施行终止妊娠手术的，应当定期向所在地县级人民政府计划生育行政部门或乡（镇）人民政府、街道办事处计划生育工作机构报告。

第十四条 新生儿在医疗保健机构死亡的，医疗保健机构应当及时出具死亡证明，并定期向所在地计划生育部门通报；新生婴儿父（母）应当持婴儿死亡证明在48小时内，向当地县级计划生育行政部门或者乡（镇）人民政府、街道办事处计划生育工作机构报告。

新生儿在医疗保健机构以外地点死亡的，其父（母）应当在48小时内向乡（镇）人民政府、街道办事处计划生育工作机构报告；乡（镇）政府、街道办事处计划生育工作机构应予以核查。

第十五条 县级以上人民政府计划生育行政部门会同卫生行政部门和药品监督管理等行政部门，对禁止非医学需要的胎儿性别鉴定和选择性别的人工终止妊娠工作进行年度汇总分析，并向本级人民政府和上级人民政府计划生育行政部门报告。

第十六条 计划生育、卫生、药品监督管理等行政部门应当定期组织开展禁止非医学需要的胎儿性别鉴定和选择性别的人工终止妊娠的检查、监督工作。

计划生育、卫生、药品监督管理等行政部门发现违反本规定第三条、第八条和第十条行为的，应当及时相互通报信息；各有关部门应当依据法律、法规，按照本部门职责，及时、严格查处，给予有关机构的直接责任人和主要负责人以相应的行政处分，并相互通报查处结果。

第十七条 医疗保健机构和计划生育技术服务机构的工作人员非法为他人进行胎儿性别鉴定或选择性别的终止妊娠手术的，由卫生行政部门或计划生育行政部门，根据《中华人民共和国人口与计划生育法》、《中华人民共和国母婴保健法》、《中华人民共和国母婴保健法实施办法》和《计划生育技术服务管理条例》等有关法律法规的规定，予以处理，构成犯罪的，依法追究其刑事责任。

第十八条 非法销售终止妊娠药品的，由药品监督管理部门依法处理。

第十九条 计划生育、卫生和药品监督管理等行政部门及其工作人员，违反本规定，玩忽职守、滥用职权、徇私舞弊、不履行职责的，对直接负责的主管人员和其他直接责任人员，依法给予行政处分；构成犯罪的，依法追究其刑事责任。

第二十条 本规定自 2003 年 1 月 1 日起施行。

后　记

《全国人大常委会关于修改〈中华人民共和国人口与计划生育法〉的决定》已由十二届全国人大常委会第十八次会议于2015年12月27日审议通过了。修改决定自2016年1月1日起施行。为贯彻落实党的十八届五中全会关于“全面实施一对夫妇可生育两个孩子政策”的重大战略部署，适应我国人口发展出现的重大转折性变化，修改后的人口与计划生育法规定，国家提倡一对夫妻生育两个子女，并对再生育子女、计划生育奖励和社会保障等相关制度进行了修改完善。为了配合对修改后的人口与计划生育法的学习、宣传，全国人大常委会法制工作委员会行政法室的同志编写了这本《中华人民共和国人口与计划生育法解读》。本书力求准确、详尽、通俗地解释每一条内容，以帮助广大读者更好地学习和理解法律的规定。因时间和水平有限，书中如有不妥和疏漏之处，敬请批评指正。

本书由全国人大常委会法制工作委员会行政法室副主任童卫东任主编，一处处长黄海华任副主编。参加写作本书的同志有：黄薇、童卫东、李文阁、刘海涛、黄海华、曹阳、张晓莹、李慎秋、齐冰、张涛、杨威、田林、黄宇菲。

编　者

2016年1月

图书在版编目（CIP）数据

中华人民共和国人口与计划生育法解读／全国人大常委会法制工作委员会行政法室编著．—北京：中国法制出版社，2016.3（2016.5重印）

ISBN 978-7-5093-7141-1

Ⅰ.①中… Ⅱ.①全… Ⅲ.①人口与计划生育法-法律解释-中国 Ⅳ.①D922.165

中国版本图书馆CIP数据核字（2016）第005107号

策划编辑：谢　雯　　责任编辑：谢　雯　　封面设计：蒋　怡

中华人民共和国人口与计划生育法解读

ZHONGHUARENMINGONGHEGUO RENKOU YU JIHUASHENGYU FA JIEDU

编著/全国人大常委会法制工作委员会行政法室

经销/新华书店

印刷/三河市紫恒印装有限公司

开本/880毫米×1230毫米 32　　印张/8　字数/135千

版次/2016年3月第1版　　2016年5月第2次印刷

中国法制出版社出版

书号 ISBN 978-7-5093-7141-1　　定价：30.00元

北京西单横二条2号　　值班电话：66026508

邮政编码 100031　　传真：66031119

网址：http：//www.zgfzs.com　　编辑部电话：66010493

市场营销部电话：66033393　　邮购部电话：66033288

（如有印装质量问题，请与本社编务印务管理部联系调换。电话：010-66032926）